GRACIAS POR CONFIAR EN CAMPUS OPOSITOR

Descubre todos los servicios incluidos con tu libro

ACTIVA TU CÓDIGO PARA ACCEDER A LOS SERVICIOS

1. Accede a **www.campusopositor.com**.

2. Inicia sesión o regístrate como usuario.

3. Dirígete al menú de usuario y haz clic en **«Mis códigos»**

4. Introduce el siguiente código (**RASCA PARA VER EL CÓDIGO**):

AF275203

¿Y AHORA QUÉ PASA?

- Si tu libro es de **test** o **temario**, se activará el **acceso gratuito durante 15 días** a la plataforma de preguntas tipo test.

- Si es una **monografía** o **temario**, podrás acceder al **Reader (PDF digital)** y al **audiolibro** (si está disponible).

- Si es un **temario**, también recibirás **actualizaciones gratuitas durante 1 año** desde la activación del código.

¿QUÉ INCLUYE TU COMPRA?

Tipo de libro	Plataforma test	PDF Reader	Audiolibro	Actualizaciones
Libro de test	Sí (15 días)	No	No	No
Monografía	No	Sí	Sí	No
Temario	Sí (15 días)	Sí	Sí	Sí (1 año)

No se admitirá la devolución si el código promocional ha sido manipulado y/o utilizado.

CAMPUS READER | **CAMPUS AUDIO** | **CAMPUS TEST** | **CAMPUS UPDATE**

Campusopositor

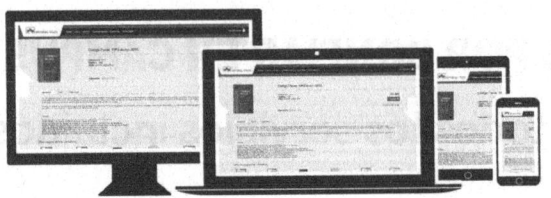

¡Gracias por confiar en nosotros!

La obra que acaba de adquirir incluye de forma gratuita la versión electrónica.

Acceda a nuestra página web para aprovechar todas las funcionalidades de las que dispone en nuestro lector.

Funcionalidades eBook

Acceso desde cualquier dispositivo con conexión a internet

Idéntica visualización a la edición de papel

Navegación intuitiva

Tamaño del texto adaptable

Síguenos en:

LEY 39/2015 (LPACAP) PARA ESTUDIANTES Y OPOSITORES

2.ª edición 2025

(1.ª edición realizada por CampusOpositor)

CAMPUSOPOSITOR

© Campus Opositor, S.L.
Calle Costa Rica, número 5, 3.º B (local comercial)
A Coruña, 15004, A Coruña (Galicia)
info@campusopositor.com
www.campusopositor.com/

I.S.B.N.: 979-13-87698-22-5
Depósito legal: C 363-2025

ÍNDICE

ÚLTIMA MODIFICACIÓN
La última modificación integrada en esta norma es la realizada por el Real Decreto-ley 6/2024, de 5 de noviembre (BOE de 6 de noviembre de 2024), que añadió la D.A. 9.ª

LEY 39/2015

DE 1 DE OCTUBRE, DEL PROCEDIMIENTO ADMINISTRATIVO COMÚN DE LAS ADMINISTRACIONES PÚBLICAS

—BOE núm. 236, de 2 de octubre de 2015—

FELIPE VI
REY DE ESPAÑA

A todos los que la presente vieren y entendieren.

Sabed: Que las Cortes Generales han aprobado y Yo vengo en sancionar la siguiente ley:

La esfera jurídica de derechos de los ciudadanos frente a la actuación de las Administraciones Públicas se encuentra protegida a través de una serie de instrumentos tanto de carácter reactivo, entre los que destaca el sistema de recursos administrativos o el control realizado por jueces y tribunales, como preventivo, a través del procedimiento administrativo, que es la expresión clara de que la Administración Pública actúa con sometimiento pleno a la Ley y al Derecho, como reza el artículo 103 de la Constitución.

El informe elaborado por la Comisión para la Reforma de las Administraciones Públicas en junio de 2013 parte del convencimiento de que una economía competitiva exige unas Administraciones Públicas eficientes, transparentes y ágiles.

En esta misma línea, el Programa nacional de reformas de España para 2014 recoge expresamente la aprobación de nuevas leyes administrativas como una de las medidas a impulsar para racionalizar la actuación de las instituciones y entidades del poder ejecutivo, mejorar la eficiencia en el uso de los recursos públicos y aumentar su productividad.

Los defectos que tradicionalmente se han venido atribuyendo a las Administraciones españolas obedecen a varias causas, pero el ordenamiento vigente no es ajeno a ellas, puesto que el marco normativo en el que se ha desenvuelto la actuación pública ha propiciado la aparición de duplicidades e ineficiencias, con procedimientos administrativos demasiado complejos que, en ocasiones, han generado problemas de inseguridad jurídica. Para superar estas deficiencias es necesaria una reforma integral y estructural que permita ordenar y clarificar cómo se organizan y relacionan las Administraciones tanto externamente, con los ciudadanos y empresas, como internamente con el resto de Administraciones e instituciones del Estado.

En coherencia con este contexto, se propone una reforma del ordenamiento jurídico público articulada en dos ejes fundamentales: las relaciones «ad extra» y «ad intra» de las Administraciones Públicas. Para ello se impulsan simultáneamente dos nuevas leyes que constituirán los pilares sobre los que se asentará el Derecho administrativo español:

la Ley del Procedimiento Administrativo Común de las Administraciones Públicas, y la Ley de Régimen Jurídico del Sector Público.

Esta Ley constituye el primero de estos dos ejes, al establecer una regulación completa y sistemática de las relaciones «ad extra» entre las Administraciones y los administrados, tanto en lo referente al ejercicio de la potestad de autotutela y en cuya virtud se dictan actos administrativos que inciden directamente en la esfera jurídica de los interesados, como en lo relativo al ejercicio de la potestad reglamentaria y la iniciativa legislativa. Queda así reunido en cuerpo legislativo único la regulación de las relaciones «ad extra» de las Administraciones con los ciudadanos como ley administrativa de referencia que se ha de complementar con todo lo previsto en la normativa presupuestaria respecto de las actuaciones de las Administraciones Públicas, destacando especialmente lo previsto en la Ley Orgánica 2/2012, de 27 de abril, de Estabilidad Presupuestaria y Sostenibilidad Financiera; la Ley 47/2003, de 26 de noviembre, General Presupuestaria, y la Ley de Presupuestos Generales del Estado.

II

La Constitución recoge en su título IV, bajo la rúbrica «Del Gobierno y la Administración», los rasgos propios que diferencian al Gobierno de la Nación de la Administración, definiendo al primero como un órgano eminentemente político al que se reserva la función de gobernar, el ejercicio de la potestad reglamentaria y la dirección de la Administración y estableciendo la subordinación de ésta a la dirección de aquel.

En el mencionado título constitucional el artículo 103 establece los principios que deben regir la actuación de las Administraciones Públicas, entre los que destacan el de eficacia y el de legalidad, al imponer el sometimiento pleno de la actividad administrativa a la Ley y al Derecho. La materialización de estos principios se produce en el procedimiento, constituido por una serie de cauces formales que han de garantizar el adecuado equilibrio entre la eficacia de la actuación administrativa y la imprescindible salvaguarda de los derechos de los ciudadanos y las empresas, que deben ejercerse en condiciones básicas de igualdad en cualquier parte del territorio, con independencia de la Administración con la que se relacionen sus titulares.

Estas actuaciones «ad extra» de las Administraciones cuentan con mención expresa en el artículo 105 del texto constitucional, que establece que la Ley regulará la audiencia de los ciudadanos, directamente o a través de las organizaciones y asociaciones reconocidas por la Ley, en el procedimiento de elaboración de las disposiciones administrativas que les afecten, así como el procedimiento a través del cual deben producirse los actos administrativos, garantizando, cuando proceda, la audiencia a los interesados.

A ello cabe añadir que el artículo 149.1.18.ª de la Constitución Española atribuye al Estado, entre otros aspectos, la competencia para regular el procedimiento administrativo común, sin perjuicio de las especialidades derivadas de la organización propia de las Comunidades Autónomas, así como el sistema de responsabilidad de todas las Administraciones Públicas.

De acuerdo con el marco constitucional descrito, la presente Ley regula los derechos y garantías mínimas que corresponden a todos los ciudadanos respecto de la actividad administrativa, tanto en su vertiente del ejercicio de la potestad de autotutela, como de la potestad reglamentaria e iniciativa legislativa.

Por lo que se refiere al procedimiento administrativo, entendido como el conjunto ordenado de trámites y actuaciones formalmente realizadas, según el cauce legalmente previsto, para dictar un acto administrativo o expresar la voluntad de la Administración, con esta nueva regulación no se agotan las competencias estatales y autonómicas para establecer especialidades «ratione materiae» o para concretar ciertos extremos, como el órgano competente para resolver, sino que su carácter de común resulta de su aplicación a todas las Administraciones Públicas y respecto a todas sus actuaciones. Así lo ha venido reconociendo el Tribunal Constitucional en su jurisprudencia, al considerar que la regulación del procedimiento administrativo común por el Estado no obsta a que las Comunidades Autónomas dicten las normas de procedimiento necesarias para la aplicación de su Derecho sustantivo, siempre que se respeten las reglas que, por ser competencia exclusiva del Estado, integran el concepto de Procedimiento Administrativo Común con carácter básico.

Son varios los antecedentes legislativos relevantes en esta materia. El legislador ha hecho evolucionar el concepto de procedimiento administrativo y adaptando la forma de actuación de las Administraciones al contexto histórico y la realidad social de cada momento. Al margen de la conocida como Ley de Azcárate, de 19 de octubre de 1889, la primera regulación completa del procedimiento administrativo en nuestro ordenamiento jurídico es la contenida en la Ley de Procedimiento Administrativo de 17 de julio de 1958.

La Constitución de 1978 alumbra un nuevo concepto de Administración, expresa y plenamente sometida a la Ley y al Derecho, como expresión democrática de la voluntad popular, y consagra su carácter instrumental, al ponerla al servicio objetivo de los intereses generales bajo la dirección del Gobierno, que responde políticamente por su gestión. En este sentido, la Ley 30/1992, de 26 de noviembre, de Régimen Jurídico de las Administraciones Públicas y del Procedimiento Administrativo Común, supuso un hito clave de la evolución del Derecho administrativo en el nuevo marco constitucional. Para ello, incorporó avances significativos en las relaciones de las Administraciones con los administrados mediante la mejora del funcionamiento de aquellas y, sobre todo, a través de una mayor garantía de los derechos de los ciudadanos frente a la potestad de autotutela de la Administración, cuyo elemento de cierre se encuentra en la revisión judicial de su actuación por ministerio del artículo 106 del texto fundamental.

La Ley 4/1999, de 13 de enero, de modificación de la Ley 30/1992, de 26 de noviembre, de Régimen Jurídico de las Administraciones Públicas y del Procedimiento Administrativo Común, reformuló varios aspectos sustanciales del procedimiento administrativo, como el silencio administrativo, el sistema de revisión de actos administrativos o el régimen de responsabilidad patrimonial de las Administraciones, lo que permitió incrementar la seguridad jurídica de los interesados.

El desarrollo de las tecnologías de la información y comunicación también ha venido afectando profundamente a la forma y al contenido de las relaciones de la Administración con los ciudadanos y las empresas.

Si bien la Ley 30/1992, de 26 de noviembre, ya fue consciente del impacto de las nuevas tecnologías en las relaciones administrativas, fue la Ley 11/2007, de 22 de junio, de acceso electrónico de los ciudadanos a los Servicios Públicos, la que les dio carta de naturaleza legal, al establecer el derecho de los ciudadanos a relacionarse electrónicamente con las Administraciones Públicas, así como la obligación de éstas de dotarse de los medios y sistemas necesarios para que ese derecho pudiera ejercerse. Sin embargo, en el entorno actual, la tramitación electrónica no puede ser todavía una forma especial de gestión de los procedimientos sino que debe constituir la actuación habitual de las Administraciones. Porque una Administración sin papel basada en un funcionamiento íntegramente electrónico no sólo sirve mejor a los principios de eficacia y eficiencia, al ahorrar costes a ciudadanos y empresas, sino que también refuerza las garantías de los interesados. En efecto, la constancia de documentos y actuaciones en un archivo electrónico facilita el cumplimiento de las obligaciones de transparencia, pues permite ofrecer información puntual, ágil y actualizada a los interesados.

Por otra parte, la regulación de esta materia venía adoleciendo de un problema de dispersión normativa y superposición de distintos regímenes jurídicos no siempre coherentes entre sí, de lo que es muestra la sucesiva aprobación de normas con incidencia en la materia, entre las que cabe citar: la Ley 17/2009, de 23 de noviembre, sobre libre acceso a las actividades de servicios y su ejercicio; la Ley 2/2011, de 4 de marzo, de Economía Sostenible; la Ley 19/2013, de 9 de diciembre, de transparencia, acceso a la información pública y buen gobierno, o la Ley 20/2013, de 9 de diciembre, de garantía de la unidad de mercado.

Ante este escenario legislativo, resulta clave contar con una nueva Ley que sistematice toda la regulación relativa al procedimiento administrativo, que clarifique e integre el contenido de las citadas Ley 30/1992, de 26 de noviembre y Ley 11/2007, de 22 de junio, y profundice en la agilización de los procedimientos con un pleno funcionamiento electrónico. Todo ello revertirá en un mejor cumplimiento de los principios constitucionales de eficacia y seguridad jurídica que deben regir la actuación de las Administraciones Públicas.

Durante los más de veinte años de vigencia de la Ley 30/1992, de 26 de noviembre, en el seno de la Comisión Europea y de la Organización para la Cooperación y el Desarrollo Económicos se ha ido avanzando en la mejora de la producción normativa («Better regulation» y «Smart regulation»). Los diversos informes internacionales sobre la materia definen la regulación inteligente como un marco jurídico de calidad, que permite el cumplimiento de un objetivo regulatorio a la vez que ofrece los incentivos adecuados para dinamizar la actividad económica, permite simplificar procesos y reducir cargas administrativas. Para ello, resulta esencial un adecuado análisis de impacto de las normas de forma continua, tanto ex ante como ex post, así como la participación de los ciudadanos y empresas en los procesos de elaboración normativa, pues sobre ellos recae el cumplimiento de las leyes.

En la última década, la Ley 17/2009, de 23 de noviembre, y la Ley 2/2011, de 4 de marzo, supusieron un avance en la implantación de los principios de buena regulación, especialmente en lo referido al ejercicio de las actividades económicas. Ya en esta legislatura, la Ley 20/2013, de 9 de diciembre, ha dado importantes pasos adicionales, al poner a disposición de los ciudadanos la información con relevancia jurídica propia del procedimiento de elaboración de normas.

Sin embargo, es necesario contar con una nueva regulación que, terminando con la dispersión normativa existente, refuerce la participación ciudadana, la seguridad jurídica y la revisión del ordenamiento. Con estos objetivos, se establecen por primera vez en una ley las bases con arreglo a las cuales se ha de desenvolver la iniciativa legislativa y la potestad reglamentaria de las Administraciones Públicas con el objeto de asegurar su ejercicio de acuerdo con los principios de buena regulación, garantizar de modo adecuado la audiencia y participación de los ciudadanos en la elaboración de las normas y lograr la predictibilidad y evaluación pública del ordenamiento, como corolario imprescindible del derecho constitucional a la seguridad jurídica. Esta novedad deviene crucial especialmente en un Estado territorialmente descentralizado en el que coexisten tres niveles de Administración territorial que proyectan su actividad normativa sobre espacios subjetivos y geográficos en muchas ocasiones coincidentes. Con esta regulación se siguen las recomendaciones que en esta materia ha formulado la Organización para la Cooperación y el Desarrollo Económicos (OCDE) en su informe emitido en 2014 «Spain: From Administrative Reform to Continous Improvement».

La Ley se estructura en 133 artículos, distribuidos en siete títulos, cinco disposiciones adicionales, cinco disposiciones transitorias, una disposición derogatoria y siete disposiciones finales.

El título preliminar, de disposiciones generales, aborda el ámbito objetivo y subjetivo de la Ley. Entre sus principales novedades, cabe señalar, la inclusión en el objeto de la Ley, con carácter básico, de los principios que informan el ejercicio de la iniciativa legislativa y la potestad reglamentaria de las Administraciones. Se prevé la aplicación de lo previsto en esta Ley a todos los sujetos comprendidos en el concepto de Sector Público, si bien las Corporaciones de Derecho Público se regirán por su normativa específica en el ejercicio de las funciones públicas que les hayan sido atribuidas y supletoriamente por la presente Ley.

Asimismo, destaca la previsión de que sólo mediante Ley puedan establecerse trámites adicionales o distintos a los contemplados en esta norma, pudiéndose concretar reglamentariamente ciertas especialidades del procedimiento referidas a la identificación de los órganos competentes, plazos, formas de iniciación y terminación, publicación e informes a recabar. Esta previsión no afecta a los trámites adicionales o distintos ya recogidos en las leyes especiales vigentes, ni a la concreción que, en normas reglamentarias, se haya producido de los órganos competentes, los plazos propios del concreto procedimiento por razón de la materia, las formas de iniciación y terminación, la publicación de los actos o los informes a recabar, que mantendrán sus efectos. Así, entre otros casos, cabe señalar la vigencia del anexo 2 al que se refiere la disposición adicional vigésima novena de la Ley 14/2000, de 29 de diciembre, de medidas fiscales, administrativas y del orden social, que establece una serie de procedimientos que quedan excepcionados de la regla general del silencio administrativo positivo.

El título I, de los interesados en el procedimiento, regula entre otras cuestiones, las especialidades de la capacidad de obrar en el ámbito del Derecho administrativo, haciéndola extensiva por primera vez a los grupos de afectados, las uniones y entidades sin personalidad jurídica y los patrimonios independientes o autónomos cuando la Ley así lo declare expresamente. En materia de representación, se incluyen nuevos medios para acreditarla en el ámbito exclusivo de las Administraciones Públicas, como son el apoderamiento «apud acta», presencial o electrónico, o la acreditación de su inscripción en el registro electrónico de apoderamientos de la Administración Pública u Organismo competente. Igualmente, se dispone la obligación de cada Administración Pública de contar con un registro electrónico de apoderamientos, pudiendo las Administraciones territoriales adherirse al del Estado, en aplicación del principio de eficiencia, reconocido en el artículo 7 de la Ley Orgánica 2/2012, de 27 de abril, de Estabilidad Presupuestaria y Sostenibilidad Financiera.

Por otro lado, este título dedica parte de su articulado a una de las novedades más importantes de la Ley: la separación entre identificación y firma electrónica y la simplificación de los medios para acreditar una u otra, de modo que, con carácter general, sólo será necesaria la primera, y se exigirá la segunda cuando deba acreditarse la voluntad y consentimiento del interesado. Se establece, con carácter básico, un conjunto mínimo de categorías de medios de identificación y firma a utilizar por todas las Administraciones. En particular, se admitirán como sistemas de firma: los sistemas de firma electrónica reconocida o cualificada y avanzada basados en certificados electrónicos cualificados de firma electrónica, que comprenden tanto los certificados electrónicos de persona jurídica como los de entidad sin personalidad jurídica; los sistemas de sello electrónico reconocido o cualificado y de sello electrónico avanzado basados en certificados cualificados de sello electrónico; así como cualquier otro sistema que las Administraciones Públicas consideren válido, en los términos y condiciones que se establezcan. Se admitirán como sistemas de identificación cualquiera de los sistemas de firma admitidos, así como sistemas de clave concertada y cualquier otro que establezcan las Administraciones Públicas.

Tanto los sistemas de identificación como los de firma previstos en esta Ley son plenamente coherentes con lo dispuesto en el Reglamento

(UE) n.º 910/2014 del Parlamento Europeo y del Consejo, de 23 de julio de 2014, relativo a la identificación electrónica y los servicios de confianza para las transacciones electrónicas en el mercado interior y por la que se deroga la Directiva 1999/93/CE. Debe recordarse la obligación de los Estados miembros de admitir los sistemas de identificación electrónica notificados a la Comisión Europea por el resto de Estados miembros, así como los sistemas de firma y sello electrónicos basados en certificados electrónicos cualificados emitidos por prestadores de servicios que figuren en las listas de confianza de otros Estados miembros de la Unión Europea, en los términos que prevea dicha norma comunitaria.

El título II, de la actividad de las Administraciones Públicas, se estructura en dos capítulos. El capítulo I sobre normas generales de actuación identifica como novedad, los sujetos obligados a relacionarse electrónicamente con las Administraciones Públicas.

Asimismo, en el citado Capítulo se dispone la obligación de todas las Administraciones Públicas de contar con un registro electrónico general, o, en su caso, adherirse al de la Administración General del Estado. Estos registros estarán asistidos a su vez por la actual red de oficinas en materia de registros, que pasarán a denominarse oficinas de asistencia en materia de registros, y que permitirán a los interesados, en el caso que así lo deseen, presentar sus solicitudes en papel, las cuales se convertirán a formato electrónico.

En materia de archivos se introduce como novedad la obligación de cada Administración Pública de mantener un archivo electrónico único de los documentos que correspondan a procedimientos finalizados, así como la obligación de que estos expedientes sean conservados en un formato que permita garantizar la autenticidad, integridad y conservación del documento.

A este respecto, cabe señalar que la creación de este archivo electrónico único resultará compatible con los diversos sistemas y redes de archivos en los términos previstos en la legislación vigente, y respetará el reparto de responsabilidades sobre la custodia o traspaso correspondiente. Asimismo, el archivo electrónico único resultará compatible con la continuidad del Archivo Histórico Nacional de acuerdo con lo previsto en la Ley 16/1985, de 25 de junio, del Patrimonio Histórico Español y su normativa de desarrollo.

Igualmente, en el capítulo I se regula el régimen de validez y eficacia de las copias, en donde se aclara y simplifica el actual régimen y se definen los requisitos necesarios para que una copia sea auténtica, las características que deben reunir los documentos emitidos por las Administraciones Públicas para ser considerados válidos, así como los que deben aportar los interesados al procedimiento, estableciendo con carácter general la obligación de las Administraciones Públicas de no requerir documentos ya aportados por los interesados, elaborados por las Administraciones Públicas o documentos originales, salvo las excepciones contempladas en la Ley. Por tanto, el interesado podrá presentar con carácter general copias de documentos, ya sean digitalizadas por el propio interesado o presentadas en soporte papel.

Destaca asimismo, la obligación de las Administraciones Públicas de contar con un registro u otro sistema equivalente que permita dejar constancia de los funcionarios habilitados para la realización de copias auténticas, de forma que se garantice que las mismas han sido expedidas adecuadamente, y en el que, si así decide organizarlo cada Administración, podrán constar también conjuntamente los funcionarios dedicados a asistir a los interesados en el uso de medios electrónicos, no existiendo impedimento a que un mismo funcionario tenga reconocida ambas funciones o sólo una de ellas.

El capítulo II, de términos y plazos, establece las reglas para su cómputo, ampliación o la tramitación de urgencia. Como principal novedad destaca la introducción del cómputo de plazos por horas y la declaración de los sábados como días inhábiles, unificando de este modo el cómputo de plazos en el ámbito judicial y el administrativo.

El título III, de los actos administrativos, se estructura en tres capítulos y se centra en la regulación de los requisitos de los actos administrativos, su eficacia y las reglas sobre nulidad y anulabilidad, manteniendo en su gran mayoría las reglas generales ya establecidas por la Ley 30/1992, de 26 de noviembre.

Merecen una mención especial las novedades introducidas en materia de notificaciones electrónicas, que serán preferentes y se realizarán en la sede electrónica o en la dirección electrónica habilitada única, según corresponda. Asimismo, se incrementa la seguridad jurídica de los interesados estableciendo nuevas medidas que garanticen el conocimiento de la puesta a disposición de las notificaciones como: el envío de avisos de notificación, siempre que esto sea posible, a los dispositivos electrónicos y/o a la dirección de correo electrónico que el interesado haya comunicado, así como el acceso a sus notificaciones a través del Punto de Acceso General Electrónico de la Administración que funcionará como un portal de entrada.

El título IV, de disposiciones sobre el procedimiento administrativo común, se estructura en siete capítulos y entre sus principales novedades destaca que los anteriores procedimientos especiales sobre potestad sancionadora y responsabilidad patrimonial que la Ley 30/1992, de 26 de noviembre, regulaba en títulos separados, ahora se han integrado como especialidades del procedimiento administrativo común. Este planteamiento responde a uno de los objetivos que persigue esta Ley, la simplificación de los procedimientos administrativos y su integración como especialidades en el procedimiento administrativo común, contribuyendo así a aumentar la seguridad jurídica. De acuerdo con la sistemática seguida, los principios generales de la potestad sancionadora y de la responsabilidad patrimonial de las Administraciones Públicas, en cuanto que atañen a aspectos más orgánicos que procedimentales, se regulan en la Ley de Régimen Jurídico del Sector Público.

Asimismo, este título incorpora a las fases de iniciación, ordenación, instrucción y finalización del procedimiento el uso generalizado y obligatorio de medios electrónicos. Igualmente, se incorpora la regulación del expediente administrativo estableciendo su formato electrónico y los documentos que deben integrarlo.

Como novedad dentro de este título, se incorpora un nuevo Capítulo relativo a la tramitación simplificada del procedimiento administrativo común, donde se establece su ámbito objetivo de aplicación, el plazo máximo de resolución que será de treinta días y los trámites de que constará. Si en un procedimiento fuera necesario realizar cualquier otro trámite adicional, deberá seguirse entonces la tramitación ordinaria. Asimismo, cuando en un procedimiento tramitado de manera simplificada fuera preceptiva la emisión del Dictamen del Consejo de Estado, u órgano consultivo equivalente, y éste manifestara un criterio contrario al fondo de la propuesta de resolución, para mayor garantía de los interesados se deberá continuar el procedimiento pero siguiendo la tramitación ordinaria, no ya la abreviada, pudiéndose en este caso realizar otros trámites no previstos en el caso de la tramitación simplificada, como la realización de pruebas a solicitud de los interesados. Todo ello, sin perjuicio de la posibilidad de acordar la tramitación de urgencia del procedimiento en los mismos términos que ya contemplaba la Ley 30/1992, de 26 de noviembre.

El título V, de la revisión de los actos en vía administrativa, mantiene las mismas vías previstas en la Ley 30/1992, de 26 de noviembre, permaneciendo por tanto la revisión de oficio y la tipología de recursos administrativos existentes hasta la fecha (alzada, potestativo de reposición y extraordinario de revisión). No obstante, cabe destacar como novedad la posibilidad de que cuando una Administración deba resolver una pluralidad de recursos administrativos que traigan causa de un mismo acto administrativo y se hubiera interpuesto un recurso judicial contra una resolución administrativa o contra el correspondiente acto presunto desestimatorio, el órgano administrativo podrá acordar la suspensión del plazo para resolver hasta que recaiga pronunciamiento judicial.

De acuerdo con la voluntad de suprimir trámites que, lejos de constituir una ventaja para los administrados, suponían una carga que dificultaba el ejercicio de sus derechos, la Ley no contempla ya las reclamaciones previas en vía civil y laboral, debido a la escasa utilidad práctica que han demostrado hasta la fecha y que, de este modo, quedan suprimidas.

El título VI, sobre la iniciativa legislativa y potestad normativa de las Administraciones Públicas, recoge los principios a los que ha de ajustar su ejercicio la Administración titular, haciendo efectivos los derechos constitucionales en este ámbito.

Junto con algunas mejoras en la regulación vigente sobre jerarquía, publicidad de las normas y principios de buena regulación, se incluyen varias novedades para incrementar la participación de los ciudadanos en el procedimiento de elaboración de normas, entre las que destaca, la necesidad de recabar, con carácter previo a la elaboración de la norma, la opinión de ciudadanos y empresas acerca de los problemas que se pretenden solucionar con la iniciativa, la necesidad y oportunidad de su aprobación, los objetivos de la norma y las posibles soluciones alternativas regulatorias y no regulatorias.

Por otra parte, en aras de una mayor seguridad jurídica, y la predictibilidad del ordenamiento, se apuesta por mejorar la planificación normativa ex ante. Para ello, todas las Administraciones divulgarán un Plan Anual Normativo en el que se recogerán todas las propuestas con rango de ley o de reglamento que vayan a ser elevadas para su aprobación el año siguiente. Al mismo tiempo, se fortalece la evaluación ex post, puesto que junto con el deber de revisar de forma continua la adaptación de la normativa a los principios de buena regulación, se impone la obligación de evaluar periódicamente la aplicación de las normas en vigor, con el objeto de comprobar si han cumplido los objetivos perseguidos y si el coste y cargas derivados de ellas estaba justificado y adecuadamente valorado.

Por lo que respecta a las disposiciones adicionales, transitorias, derogatorias y finales, cabe aludir a la relativa a la adhesión por parte de las Comunidades Autónomas y Entidades Locales a los registros y sistemas establecidos por la Administración General del Estado en aplicación del principio de eficiencia reconocido en la Ley Orgánica 2/2012, de 27 de abril.

Destaca igualmente, la disposición sobre las especialidades por razón de la materia donde se establece una serie de actuaciones y procedimientos que se regirán por su normativa específica y supletoriamente por lo previsto en esta Ley, entre las que cabe destacar las de aplicación de los tributos y revisión en materia tributaria y aduanera, las de gestión, inspección, liquidación, recaudación, impugnación y revisión en materia de Seguridad Social y Desempleo, en donde se entienden comprendidos, entre otros, los actos de encuadramiento y afiliación de la Seguridad Social y las aportaciones económicas por despidos que afecten a trabajadores de cincuenta o más años en empresas con beneficios, así como las actuaciones y procedimientos sancionadores en materia tributaria y aduanera, en el orden social, en materia de tráfico y seguridad vial y en materia de extranjería.

Por último, la Ley contiene las disposiciones de derecho transitorio aplicables a los procedimientos en curso, a su entrada en vigor, a archivos y registros y al Punto de Acceso General electrónico, así como las que habilitan para el desarrollo de lo previsto en la Ley.

TÍTULO PRELIMINAR

Disposiciones generales

Artículo 1. Objeto de la Ley

● 1. La presente Ley tiene por objeto regular los requisitos de validez y eficacia de los **actos administrativos**, el **procedimiento administrativo común** a todas las Administraciones Públicas, incluyendo el sancionador y el de reclamación de responsabilidad de las Administraciones Públicas, así como los principios a los que se ha de ajustar el ejercicio de **la iniciativa legislativa y la potestad reglamentaria.**

● 2. Solo mediante ley, cuando resulte eficaz, proporcionado y necesario para la consecución de los fines propios del procedimiento, y de manera motivada, podrán incluirse **trámites adicionales o distintos** a los contemplados en esta Ley. Reglamentariamente podrán establecerse **especialidades del procedimiento** referidas a los órganos competentes, plazos propios del concreto procedimiento por razón de la materia, formas de iniciación y terminación, publicación e informes a recabar.

Artículo 2. Ámbito subjetivo de aplicación

1. La presente Ley se aplica al sector público, que comprende:
   a) La **Administración General del Estado.**
   b) Las **Administraciones de las Comunidades Autónomas.**
   c) Las **Entidades que integran la Administración Local.**
   d) El **sector público institucional.**

2. El sector público institucional se integra por:
   a) Cualesquiera organismos públicos y entidades de derecho **público** vinculados o dependientes de las Administraciones Públicas.
   b) Las entidades de derecho **privado** vinculadas o dependientes de las Administraciones Públicas, que quedarán sujetas a lo dispuesto en las normas de esta Ley que específicamente se refieran a las mismas, y en todo caso, cuando ejerzan potestades administrativas.
   c) Las **Universidades públicas,** que se regirán por su normativa específica y supletoriamente por las previsiones de esta Ley.

3. Tienen la consideración de Administraciones Públicas la **Administración General del Estado,** las **Administraciones de las Comunidades Autónomas,** las **Entidades que integran la Administración Local,** así como los organismos públicos y entidades de derecho público previstos en la **letra a) del apartado 2** anterior.

4. Las Corporaciones de Derecho Público se regirán por su normativa específica en el ejercicio de las funciones públicas que les hayan sido atribuidas por Ley o delegadas por una Administración Pública, y supletoriamente por la presente Ley.

NOTAS

TÍTULO I

De los interesados en el procedimiento

CAPÍTULO I

La capacidad de obrar y el concepto de interesado

Artículo 3. Capacidad de obrar

A los efectos previstos en esta Ley, tendrán **capacidad de obrar** ante las Administraciones Públicas:

a) Las **personas físicas o jurídicas** que ostenten capacidad de obrar con arreglo a las normas civiles.

b) Los **menores de edad** para el ejercicio y defensa de aquellos de sus derechos e intereses cuya actuación esté permitida por el ordenamiento jurídico sin la asistencia de la persona que ejerza la patria potestad, tutela o curatela. Se exceptúa el supuesto de los menores incapacitados, cuando la extensión de la incapacitación afecte al ejercicio y defensa de los derechos o intereses de que se trate.

c) Cuando la Ley así lo declare expresamente, los **grupos de afectados**, las **uniones y entidades sin personalidad jurídica** y los **patrimonios independientes o autónomos**.

 ## Artículo 4. Concepto de interesado

*1. Se consideran interesados en el procedimiento administrativo:

a) Quienes lo **promuevan** como **titulares** de **derechos o intereses legítimos** individuales o colectivos.

b) Los que, **sin haber iniciado el procedimiento,** tengan **derechos** que puedan resultar **afectados** por la decisión que en el mismo se adopte.

c) Aquellos cuyos **intereses legítimos,** individuales o colectivos, puedan resultar **afectados** por la resolución y se **personen en el procedimiento en tanto no haya recaído resolución definitiva.**

*2. Las asociaciones y organizaciones representativas de intereses económicos y sociales serán titulares de intereses legítimos colectivos en los términos que la Ley reconozca.

✗3. Cuando la condición de interesado derivase de alguna relación jurídica transmisible, el derecho-habiente sucederá en tal condición cualquiera que sea el estado del procedimiento.

Artículo 5. Representación

■1. Los **interesados con capacidad de obrar** podrán actuar por medio de representante, entendiéndose con éste las actuaciones administrativas, salvo manifestación expresa en contra del interesado.

■2. Las **personas físicas con capacidad de obrar** y las **personas jurídicas, siempre que ello esté previsto en sus Estatutos,** podrán actuar en representación de otras ante las Administraciones Públicas.

■3. Para **formular solicitudes, presentar declaraciones responsables o comunicaciones, interponer recursos, desistir de acciones** y **renunciar a derechos** en nombre de otra persona, deberá acreditarse la representación. Para los **actos y gestiones de mero trámite** se presumirá aquella representación.

■4. La representación podrá acreditarse mediante cualquier medio válido en Derecho que deje constancia fidedigna de su existencia.
    A estos efectos, se entenderá acreditada la representación realizada mediante apoderamiento apud acta efectuado por comparecencia personal o comparecencia electrónica en la correspondiente sede electrónica, o a través de la acreditación de su inscripción en el registro electrónico de apoderamientos de la Administración Pública competente.

■5. El órgano competente para la tramitación del procedimiento deberá incorporar al expediente administrativo acreditación de la condición de representante y de los poderes que tiene reconocidos en dicho momento. El documento electrónico que acredite el resultado de la consulta al registro electrónico de apoderamientos correspondiente tendrá la condición de acreditación a estos efectos.

–6. La **falta o insuficiente acreditación** de la representación no impedirá que se tenga por realizado el acto de que se trate, siempre que se **aporte aquélla o se subsane el defecto** dentro del plazo de ⏱ diez días que deberá conceder al efecto el órgano administrativo, o de un ⏱ plazo superior cuando las circunstancias del caso así lo requieran.

–7. Las Administraciones Públicas podrán habilitar con carácter general o específico a personas físicas o jurídicas autorizadas para la realización de determinadas transacciones electrónicas en representación de los interesados. Dicha habilitación deberá especificar las condiciones y obligaciones a las que se comprometen los que así adquieran la condición de representantes, y determinará la presunción de validez de la representación salvo que la normativa de aplicación prevea otra cosa. Las Administraciones Públicas podrán requerir, en cualquier momento, la acreditación de dicha representación. No obstante, siempre podrá comparecer el interesado por sí mismo en el procedimiento.

— Artículo 6.
Registros electrónicos de apoderamientos

◦1. La **Administración General del Estado**, las **Comunidades Autónomas** y las **Entidades Locales** dispondrán de un registro electrónico general de apoderamientos, en el que deberán inscribirse, al menos, los de carácter general otorgados apud acta, presencial o electrónicamente, por quien ostente la condición de interesado en un procedimiento administrativo a favor de representante, para actuar en su nombre ante las Administraciones Públicas. También deberá constar el bastanteo realizado del poder.

En el ámbito estatal, este registro será el Registro Electrónico de Apoderamientos de la Administración General del Estado.
Los registros generales de apoderamientos no impedirán la existencia de registros particulares en **cada Organismo** donde se inscriban los poderes otorgados para la realización de trámites específicos en el mismo. Cada Organismo podrá disponer de su propio registro electrónico de apoderamientos.

2. Los **registros electrónicos generales y particulares** de apoderamientos pertenecientes a todas y cada una de las Administraciones, deberán ser plenamente interoperables entre sí, de modo que se garantice su interconexión, compatibilidad informática, así como la transmisión telemática de las solicitudes, escritos y comunicaciones que se incorporen a los mismos.

Los registros electrónicos generales y particulares de apoderamientos permitirán comprobar válidamente la representación de quienes actúen ante las Administraciones Públicas en nombre de un tercero, mediante la consulta a otros registros administrativos similares, al registro mercantil, de la propiedad, y a los protocolos notariales.

Los **registros mercantiles, de la propiedad, y de los protocolos notariales** serán interoperables con los **registros electrónicos generales y particulares** de apoderamientos.

3. Los asientos que se realicen en los registros electrónicos generales y particulares de apoderamientos deberán contener, al menos, la siguiente información:

a) Nombre y apellidos o la denominación o razón social, documento nacional de identidad, número de identificación fiscal o documento equivalente del **poderdante**.

b) Nombre y apellidos o la denominación o razón social, documento nacional de identidad, número de identificación fiscal o documento equivalente del **apoderado**.

c) **Fecha de inscripción.**

d) **Período de tiempo** por el cual se otorga el poder.

e) **Tipo de poder** según las facultades que otorgue.

4. Los poderes que se inscriban en los registros electrónicos generales y particulares de apoderamientos deberán corresponder a alguna de las siguientes tipologías:

a) Un poder general para que el apoderado pueda actuar en nombre del poderdante en **cualquier actuación** administrativa y ante **cualquier Administración.**

b) Un poder para que el apoderado pueda actuar en nombre del poderdante en **cualquier actuación** administrativa ante una **Administración u Organismo concreto.**

c) Un poder para que el apoderado pueda actuar en nombre del poderdante únicamente para la realización de determinados **trámites especificados en el poder.**

*A tales efectos, por Orden del Ministro de Hacienda y Administraciones Públicas se aprobarán, con carácter básico, los modelos de poderes inscribibles en el registro distinguiendo si permiten la actuación ante todas las Administraciones de acuerdo con lo previsto en la letra a) anterior, ante la Administración General del Estado o ante las Entidades Locales.

> Párrafo declarado inconstitucional y nulo por STC 55/2018, de 24 de mayo de 2018.

Cada Comunidad Autónoma aprobará los modelos de poderes inscribibles en el registro cuando se circunscriba a actuaciones ante su respectiva Administración.

5. El **apoderamiento** «apud acta» se otorgará mediante **comparecencia electrónica** en la correspondiente sede electrónica haciendo uso de los sistemas de firma electrónica previstos en esta Ley, o bien mediante **comparecencia personal** en las oficinas de asistencia en materia de registros.

6. Los poderes inscritos en el registro tendrán una validez determinada máxima de cinco años a contar desde la fecha de inscripción. En todo caso, en cualquier momento antes de la finalización de dicho plazo el poderdante podrá **revocar o prorrogar** el poder. Las prórrogas otorgadas por el poderdante al registro tendrán una validez determinada máxima de cinco años a contar desde la fecha de inscripción.

7. Las solicitudes de inscripción del poder, de revocación, de prórroga o de denuncia del mismo podrán dirigirse a cualquier registro, debiendo quedar inscrita esta circunstancia en el registro de la Administración u Organismo ante la que tenga efectos el poder y surtiendo efectos desde la fecha en la que se produzca dicha inscripción.

Artículo 7. Pluralidad de interesados

Cuando en una solicitud, escrito o comunicación figuren varios interesados, las actuaciones a que den lugar se efectuarán con el **representante o el interesado que expresamente hayan señalado,** y, **en su defecto,** con el que figure en **primer término.**

Artículo 8. Nuevos interesados en el procedimiento

Si durante la instrucción de un procedimiento que no haya tenido publicidad, se advierte la existencia de personas que sean **titulares** de **derechos o intereses legítimos y directos** cuya identificación resulte del expediente y que puedan resultar afectados por la resolución que se dicte, se **comunicará** a dichas personas la **tramitación del procedimiento.**

CAPÍTULO II

Identificación y firma de los interesados en el procedimiento administrativo

Artículo 9. Sistemas de identificación de los interesados en el procedimiento

1. Las Administraciones Públicas están obligadas a verificar la identidad de los interesados en el procedimiento administrativo, mediante la comprobación de su nombre y apellidos o denominación o razón social, según corresponda, que consten en el Documento Nacional de Identidad o documento identificativo equivalente.

2. Los interesados podrán identificarse electrónicamente ante las Administraciones Públicas a través de los sistemas siguientes:

a) Sistemas basados en certificados electrónicos cualificados de firma electrónica expedidos por prestadores incluidos en la "Lista de confianza de prestadores de servicios de certificación".

b) Sistemas basados en certificados electrónicos cualificados de sello electrónico expedidos por prestadores incluidos en la "Lista de confianza de prestadores de servicios de certificación".

c) Cualquier otro sistema que las Administraciones públicas consideren válido en los términos y condiciones que se establezca, siempre que cuenten con un **registro previo** como usuario que permita garantizar su identidad y **previa comunicación** a la Secretaría General de Administración Digital del Ministerio de Asuntos Económicos y Transformación Digital. Esta comunicación vendrá acompañada de una declaración responsable de que se cumple con todos los requisitos establecidos en la normativa vigente. De forma previa a la eficacia jurídica del sistema, habrán de transcurrir ⏱ **dos meses** desde dicha comunicación, durante los cuales el órgano estatal competente por motivos de seguridad pública podrá acudir a la vía jurisdiccional, previo informe vinculante de la Secretaría de Estado de Seguridad, que deberá emitir en el plazo de ⏱ *diez días* desde su solicitud.

Las Administraciones Públicas deberán garantizar que la utilización de uno de los sistemas previstos en las letras a) y b) sea posible para todo procedimiento, aun cuando se admita para ese mismo procedimiento alguno de los previstos en la letra c).

3. En relación con los sistemas de identificación previstos en la letra c) del apartado anterior, se establece la obligatoriedad de que los **recursos técnicos** necesarios para la recogida, almacenamiento, tratamiento y gestión de dichos sistemas se encuentren situados **en territorio de la Unión Europea,** y en caso de tratarse de categorías especiales de datos a los que se refiere el artículo 9 del Reglamento (UE) 2016/679, del Parlamento Europeo y del Consejo, de 27 de abril de 2016, relativo a la protección de las personas físicas en lo que respecta al tratamiento de datos personales y a la libre circulación de estos datos y por el que se deroga la Directiva 95/46/CE, **en territorio español.** En cualquier caso, los datos se encontrarán disponibles para su acceso por parte de las autoridades judiciales y administrativas competentes.

Los datos a que se refiere el párrafo anterior **no podrán ser objeto de transferencia** a un **tercer país** u **organización internacional,** con excepción de los que hayan sido objeto de una decisión de adecuación de la Comisión Europea o cuando así lo exija el cumplimiento de las obligaciones internacionales asumidas por el Reino de España.

▢ 4. En todo caso, la aceptación de alguno de estos sistemas por la Administración General del Estado servirá para acreditar frente a todas las Administraciones Públicas, salvo prueba en contrario, la identificación electrónica de los interesados en el procedimiento administrativo.

Artículo 10. Sistemas de firma admitidos por las Administraciones Públicas

>1. Los interesados podrán firmar a través de cualquier medio que permita acreditar la autenticidad de la expresión de su voluntad y consentimiento, así como la integridad e inalterabilidad del documento.

>2. En el caso de que los interesados optaran por relacionarse con las Administraciones Públicas a través de medios electrónicos, se considerarán válidos a efectos de firma:

a) Sistemas de **firma electrónica cualificada y avanzada** basados en certificados electrónicos cualificados de firma electrónica expedidos por prestadores incluidos en la "Lista de confianza de prestadores de servicios de certificación".

b) Sistemas de **sello electrónico cualificado y de sello electrónico avanzado** basados en certificados electrónicos cualificados de sello electrónico expedidos por prestador incluido en la "Lista de confianza de prestadores de servicios de certificación".

c) Cualquier otro sistema que las Administraciones públicas consideren válido en los términos y condiciones que se establezca, siempre que cuenten con un **registro previo** como usuario que permita garantizar su identidad y **previa comunicación** a la Secretaría General de Administración Digital del Ministerio de Asuntos Económicos y

Transformación Digital. Esta comunicación vendrá acompañada de una declaración responsable de que se cumple con todos los requisitos establecidos en la normativa vigente. De forma previa a la eficacia jurídica del sistema, habrán de transcurrir ⏱ **dos meses** desde dicha comunicación, durante los cuales el órgano estatal competente por motivos de seguridad pública podrá acudir a la vía jurisdiccional, previo informe vinculante de la Secretaría de Estado de Seguridad, que deberá emitir en el plazo de ⏱ **diez días** desde su solicitud.

Las Administraciones Públicas deberán garantizar que la utilización de uno de los sistemas previstos en las letras a) y b) sea posible para todos los procedimientos en todos sus trámites, aun cuando adicionalmente se permita alguno de los previstos al amparo de lo dispuesto en la letra c).

> 3. En relación con los ==sistemas de firma previstos en la letra c)== del apartado anterior, se establece la obligatoriedad de que los **recursos técnicos** necesarios para la recogida, almacenamiento, tratamiento y gestión de dichos sistemas se encuentren situados en **territorio de la Unión Europea,** y en caso de tratarse de categorías especiales de datos a los que se refiere el artículo 9 del Reglamento (UE) 2016/679, del Parlamento Europeo y del Consejo, de 27 de abril de 2016, **en territorio español.** En cualquier caso, los datos se encontrarán disponibles para su acceso por parte de las autoridades judiciales y administrativas competentes.

Los datos a que se refiere el párrafo anterior **no podrán ser objeto de transferencia** a un **tercer país** u **organización internacional,** con excepción de los que hayan sido objeto de una decisión de adecuación de la Comisión Europea o cuando así lo exija el cumplimiento de las obligaciones internacionales asumidas por el Reino de España.

> 4. Cuando así lo disponga expresamente la normativa reguladora aplicable, las Administraciones Públicas podrán admitir los sistemas de identificación contemplados en esta Ley como sistema de firma cuando permitan acreditar la autenticidad de la expresión de la voluntad y consentimiento de los interesados.

> 5. Cuando los interesados utilicen un sistema de firma de los previstos en este artículo, su identidad se entenderá ya acreditada mediante el propio acto de la firma.

Artículo 11. Uso de medios de identificación y firma en el procedimiento administrativo

1. Con carácter general, para realizar cualquier actuación prevista en el procedimiento administrativo, será **suficiente** con que los interesados acrediten previamente su identidad a través de cualquiera de los medios de identificación previstos en esta Ley.

> La identificación es necesaria siempre. La firma es necesaria en determinados supuestos: son los mismos supuestos en los cuales tiene que acreditarse la representación.

2. Las Administraciones Públicas sólo requerirán a los interesados el uso obligatorio de firma para:
   a) Formular solicitudes.
   b) Presentar declaraciones responsables o comunicaciones.
   c) Interponer recursos.
   d) Desistir de acciones.
   e) Renunciar a derechos.

Artículo 12. Asistencia en el uso de medios electrónicos a los interesados

1. Las Administraciones Públicas deberán garantizar que los interesados pueden relacionarse con la Administración a través de **medios electrónicos,** para lo que pondrán a su disposición los canales de acceso que sean necesarios así como los sistemas y aplicaciones que en cada caso se determinen.

2. Las Administraciones Públicas asistirán en el uso de medios electrónicos a los interesados no incluidos en los apartados 2 y 3 del artículo 14 que así lo soliciten, especialmente en lo referente a la identificación y firma electrónica, presentación de solicitudes a través del registro electrónico general y obtención de copias auténticas.

Asimismo, si alguno de estos interesados no dispone de los medios electrónicos necesarios, su identificación o firma electrónica en el procedimiento administrativo podrá ser válidamente realizada por un funcionario público mediante el uso del sistema de firma electrónica del que esté dotado para ello. En este caso, será necesario que el interesado que carezca de los medios electrónicos necesarios se identifique ante el funcionario y preste su consentimiento expreso para esta actuación, de lo que deberá quedar constancia para los casos de discrepancia o litigio.

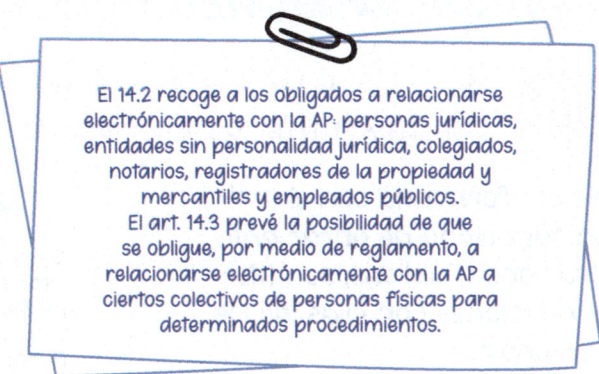

El 14.2 recoge a los obligados a relacionarse electrónicamente con la AP: personas jurídicas, entidades sin personalidad jurídica, colegiados, notarios, registradores de la propiedad y mercantiles y empleados públicos.
El art. 14.3 prevé la posibilidad de que se obligue, por medio de reglamento, a relacionarse electrónicamente con la AP a ciertos colectivos de personas físicas para determinados procedimientos.

3. La **Administración General del Estado,** las **Comunidades Autónomas** y las **Entidades Locales** mantendrán actualizado un ==registro, u otro sistema equivalente,== donde constarán los ==funcionarios habilitados== para la identificación o firma regulada en este artículo. Estos registros o sistemas deberán ser plenamente interoperables y estar interconectados con los de las restantes Administraciones Públicas, a los efectos de comprobar la validez de las citadas habilitaciones.

En este registro o sistema equivalente, al menos, constarán los funcionarios que presten servicios en las oficinas de asistencia en materia de registros.

NOTAS

TÍTULO II

DE LA ACTIVIDAD DE LAS ADMINISTRACIONES PÚBLICAS

CAPÍTULO I – Normas generales de actuación

Artículo 13. Derechos de las personas en sus relaciones con las Administraciones Públicas

Quienes de conformidad con el artículo 3, tienen **capacidad de obrar** ante las Administraciones Públicas, son titulares, en sus relaciones con ellas, de los siguientes **derechos**:

> El artículo 13 recoge los derechos de los que tienen capacidad de obrar ante las AAPP.
> El artículo 53 recoge los derechos de los interesados en el procedimiento administrativo.

a) A **comunicarse con las Administraciones Públicas** a través de un Punto de Acceso General electrónico de la Administración.

b) A **ser asistidos en el uso de medios electrónicos** en sus relaciones con las Administraciones Públicas.

c) A **utilizar las lenguas oficiales** en el territorio de su Comunidad Autónoma, de acuerdo con lo previsto en esta Ley y en el resto del ordenamiento jurídico.

d) Al **acceso a la información pública, archivos y registros**, de acuerdo con lo previsto en la Ley 19/2013, de 9 de diciembre, de transparencia, acceso a la información pública y buen gobierno y el resto del Ordenamiento Jurídico.

e) A **ser tratados con respeto y deferencia** por las autoridades y empleados públicos, que habrán de facilitarles el ejercicio de sus derechos y el cumplimiento de sus obligaciones.

f) A **exigir las responsabilidades** de las Administraciones Públicas y autoridades, cuando así corresponda legalmente.

g) A la **obtención y utilización de los medios de identificación y firma electrónica** contemplados en esta Ley.

h) A la **protección de datos de carácter personal,** y en particular a la seguridad y confidencialidad de los datos que figuren en los ficheros, sistemas y aplicaciones de las Administraciones Públicas.

i) Cualesquiera **otros** que les reconozcan la **Constitución y las leyes.**

Estos derechos se entienden sin perjuicio de los reconocidos en el **artículo 53** referidos a los interesados en el procedimiento administrativo.

Artículo 14. Derecho y obligación de relacionarse electrónicamente con las Administraciones Públicas

1. Las **personas físicas** podrán elegir en todo momento si se comunican con las Administraciones Públicas para el ejercicio de sus derechos y obligaciones a través de medios electrónicos o no, salvo que estén obligadas a relacionarse a través de medios electrónicos con las Administraciones Públicas. El medio elegido por la persona para comunicarse con las Administraciones Públicas podrá ser modificado por aquella en cualquier momento.

2. En todo caso, estarán obligados a relacionarse a través de **medios electrónicos** con las Administraciones Públicas para la realización de cualquier trámite de un procedimiento administrativo, al menos, los siguientes sujetos:

a) Las **personas jurídicas.**

b) Las **entidades sin personalidad jurídica.**

c) Quienes ejerzan una **actividad profesional** para la que se requiera **colegiación obligatoria,** para los trámites y actuaciones que realicen con las Administraciones Públicas **en ejercicio de dicha actividad profesional.** En todo caso, dentro de este colectivo se entenderán incluidos los notarios y registradores de la propiedad y mercantiles.

d) Quienes **representen a un interesado que esté obligado** a relacionarse electrónicamente con la Administración.

e) Los **empleados de las Administraciones Públicas** para los trámites y actuaciones que realicen con ellas por razón de su **condición de empleado público,** en la forma en que se determine **reglamentariamente** por cada Administración.

3. **Reglamentariamente,** las Administraciones podrán establecer la obligación de relacionarse con ellas a través de medios electrónicos para **determinados procedimientos** y para **ciertos colectivos** de personas físicas que por razón de su capacidad económica, técnica, dedicación profesional u otros motivos quede acreditado que tienen acceso y disponibilidad de los medios electrónicos necesarios.

Artículo 15. Lengua de los Procedimientos

1. La lengua de los procedimientos tramitados por la Administración General del Estado será el **castellano.** No obstante lo anterior, los interesados que se dirijan a los órganos de la Administración General del Estado con sede en el territorio de una Comunidad Autónoma podrán utilizar también la lengua que sea cooficial en ella.

En este caso, el procedimiento se tramitará en la lengua elegida por el interesado. Si concurrieran varios interesados en el procedimiento, y existiera discrepancia en cuanto a la lengua, el procedimiento se tramitará en castellano, si bien los documentos o testimonios que requieran los interesados se expedirán en la lengua elegida por los mismos.

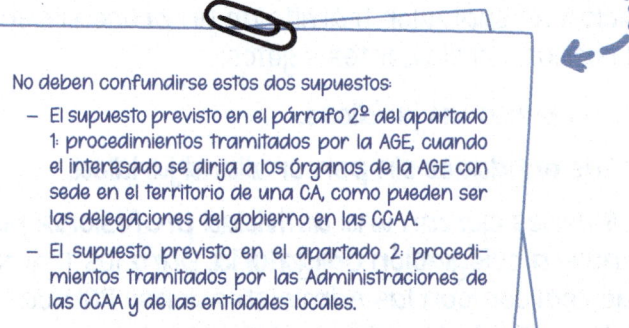

No deben confundirse estos dos supuestos:

– El supuesto previsto en el párrafo 2º del apartado 1: procedimientos tramitados por la AGE, cuando el interesado se dirija a los órganos de la AGE con sede en el territorio de una CA, como pueden ser las delegaciones del gobierno en las CCAA.

– El supuesto previsto en el apartado 2: procedimientos tramitados por las Administraciones de las CCAA y de las entidades locales.

2. En los procedimientos tramitados por las Administraciones de las Comunidades Autónomas y de las Entidades Locales, el uso de la lengua se ajustará a lo previsto en la **legislación autonómica** correspondiente.

3. La Administración Pública instructora deberá traducir al castellano los documentos, expedientes o partes de los mismos que deban surtir efecto fuera del territorio de la Comunidad Autónoma y los

documentos dirigidos a los interesados que así lo soliciten expresamente. Si debieran surtir efectos en el territorio de una Comunidad Autónoma donde sea cooficial esa misma lengua distinta del castellano, no será precisa su traducción.

Artículo 16. Registros

⊡1. **Cada Administración** dispondrá de un Registro Electrónico General, en el que se hará el correspondiente asiento de todo documento que sea presentado o que se reciba en cualquier órgano administrativo, Organismo público o Entidad vinculado o dependiente a éstos. También se podrán anotar en el mismo, la salida de los documentos oficiales dirigidos a otros órganos o particulares.

Los **Organismos** públicos vinculados o dependientes de cada Administración podrán disponer de su propio registro electrónico plenamente interoperable e interconectado con el Registro Electrónico General de la Administración de la que depende.

El Registro Electrónico General de cada Administración **funcionará como un portal** que facilitará el acceso a los registros electrónicos de cada Organismo. Tanto el Registro Electrónico General de cada Administración como los registros electrónicos de cada Organismo cumplirán con las garantías y medidas de seguridad previstas en la legislación en materia de protección de datos de carácter personal.

Las disposiciones de creación de los registros electrónicos se publicarán en el diario oficial correspondiente y su texto íntegro deberá estar disponible para consulta en la sede electrónica de acceso al registro. En todo caso, las disposiciones de creación de registros electrónicos especificarán el órgano o unidad responsable de su gestión, así como la fecha y hora oficial y los días declarados como inhábiles.

En la sede electrónica de acceso a cada registro figurará la relación actualizada de trámites que pueden iniciarse en el mismo.

⊡2. Los asientos se **anotarán** respetando el **orden temporal** de recepción o salida de los documentos, e indicarán la fecha del día en que se produzcan. Concluido el trámite de registro, los documentos serán **cursados sin dilación** a sus destinatarios y a las unidades administrativas correspondientes desde el registro en que hubieran sido recibidas.

⊡3. El registro electrónico de cada Administración u Organismo **garantizará la constancia, en cada asiento que se practique,** de un número, epígrafe expresivo de su naturaleza, fecha y hora de su presentación, identificación del interesado, órgano administrativo remitente, si procede, y persona u órgano administrativo al que se envía, y, en su caso, referencia al contenido del documento que se registra. Para ello, se emitirá **automáticamente un recibo** consistente en una **copia autenticada** del documento de que se trate, incluyendo la fecha y hora de presentación y el número de entrada de registro, así como un recibo acreditativo de otros documentos que, en su caso, lo acompañen, que garantice la integridad y el no repudio de los mismos.

⊡4. Los documentos que los interesados dirijan a los órganos de las Administraciones Públicas podrán presentarse:

a) En el **registro electrónico** de la Administración u Organismo al que se dirijan, así como en los restantes registros electrónicos de cualquiera de los sujetos a los que se refiere el artículo 2.1.

b) En las **oficinas de Correos,** en la forma que reglamentariamente se establezca.

c) En las **representaciones diplomáticas u oficinas consulares** de España en el extranjero.

d) En las **oficinas de asistencia en materia de registros.**

e) En cualquier **otro** que establezcan las **disposiciones vigentes.**
   Los registros electrónicos de todas y cada una de las Administraciones, deberán ser plenamente interoperables, de modo que se garantice su compatibilidad informática e interconexión, así como la transmisión telemática de los asientos registrales y de los documentos que se presenten en cualquiera de los registros.

⊡5. Los **documentos presentados de manera presencial** ante las Administraciones Públicas, **deberán ser digitalizados,** de acuerdo con lo previsto en el artículo 27 y demás normativa aplicable, por la oficina de asistencia en materia de registros en la que hayan sido presentados para su incorporación al expediente administrativo electrónico, **devolviéndose los originales al interesado,** sin perjuicio de aquellos supuestos en que la norma determine la custodia por la Administración de los documentos presentados o resulte obligatoria la presentación de objetos o de documentos en un soporte específico no susceptibles de digitalización.

Reglamentariamente, las Administraciones podrán establecer la ==obligación== de presentar determinados documentos ==por medios electrónicos== para **ciertos procedimientos y colectivos** de personas físicas que, por razón de su capacidad económica, técnica, dedicación profesional u otros motivos quede acreditado que tienen acceso y disponibilidad de los medios electrónicos necesarios.

6. Podrán hacerse efectivos mediante transferencia dirigida a la oficina pública correspondiente cualesquiera cantidades que haya que satisfacer en el momento de la presentación de documentos a las Administraciones Públicas, sin perjuicio de la posibilidad de su abono por otros medios.

7. Las Administraciones Públicas deberán hacer pública y mantener actualizada una relación de las oficinas en las que se prestará asistencia para la presentación electrónica de documentos.

8. **No se tendrán por presentados en el registro aquellos documentos e información cuyo régimen especial establezca otra forma de presentación.**

Artículo 17. Archivo de documentos

1. Cada Administración deberá mantener un ==archivo electrónico único== de los documentos electrónicos que correspondan a **procedimientos finalizados,** en los términos establecidos en la normativa reguladora aplicable.

2. Los documentos electrónicos deberán conservarse en un formato que permita garantizar la autenticidad, integridad y conservación del documento, así como su consulta con independencia del tiempo transcurrido desde su emisión. Se asegurará en todo caso la posibilidad de trasladar los datos a otros formatos y soportes que garanticen el acceso desde diferentes aplicaciones. La eliminación de dichos

documentos deberá ser autorizada de acuerdo a lo dispuesto en la normativa aplicable.

- 3. Los medios o soportes en que se almacenen documentos, deberán contar con ==medidas de seguridad,== de acuerdo con lo previsto en el **Esquema Nacional de Seguridad**, que garanticen la integridad, autenticidad, confidencialidad, calidad, protección y conservación de los documentos almacenados. En particular, asegurarán la identificación de los usuarios y el control de accesos, así como el cumplimiento de las garantías previstas en la legislación de protección de datos.

Artículo 18. Colaboración de las personas

1. Las ==personas colaborarán== con la Administración en los términos previstos en la **Ley** que en cada caso resulte aplicable, y **a falta de previsión expresa**, facilitarán a la Administración los **informes, inspecciones y otros actos de investigación** que requieran para el ejercicio de sus competencias, ==salvo== que la revelación de la información solicitada por la Administración atentara contra **el honor, la intimidad personal o familiar** o supusieran la comunicación de **datos confidenciales de terceros de los que tengan conocimiento por la prestación de servicios profesionales** de diagnóstico, asesoramiento o defensa, ==sin perjuicio== de lo dispuesto en la **legislación en materia de blanqueo de capitales y financiación de actividades terroristas.**

2. Los interesados en un procedimiento que conozcan datos que permitan identificar a otros interesados que no hayan comparecido en él tienen el deber de proporcionárselos a la Administración actuante.

3. Cuando las inspecciones requieran la entrada en el domicilio del afectado o en los restantes lugares que requieran autorización del titular, se estará a lo dispuesto en el artículo 100.

 **Artículo 19.** Comparecencia de las personas

• 1. La ==comparecencia== de las personas ante las oficinas públicas, ya sea presencialmente o por medios electrónicos, ==sólo será obligatoria== cuando así esté previsto en una **norma con rango de ley**.

• 2. En los casos en que proceda la comparecencia, la correspondiente citación hará constar expresamente el lugar, fecha, hora, los medios disponibles y objeto de la comparecencia, así como los efectos de no atenderla.

• 3. Las Administraciones Públicas entregarán al interesado ==certificación acreditativa de la comparecencia== cuando así lo solicite.

 **Artículo 20.** Responsabilidad de la tramitación

✗1. **Los titulares de las unidades administrativas y el personal al servicio de las Administraciones Públicas que tuviesen a su cargo la resolución o el despacho de los asuntos, serán ==responsables directos== de** su tramitación y adoptarán las medidas oportunas para remover los obstáculos que impidan, dificulten o retrasen el ejercicio pleno de los derechos de los interesados o el respeto a sus intereses legítimos, disponiendo lo necesario para evitar y eliminar toda anormalidad en la tramitación de procedimientos.

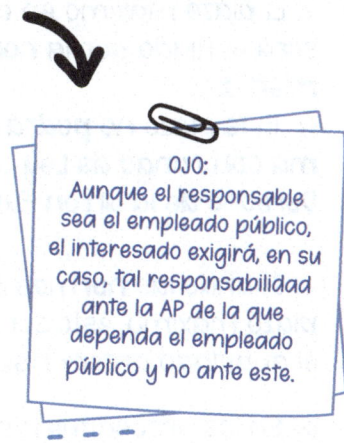

OJO:
Aunque el responsable sea el empleado público, el interesado exigirá, en su caso, tal responsabilidad ante la AP de la que dependa el empleado público y no ante este.

✗ 2. **Los interesados podrán solicitar la exigencia de esa responsabilidad a la Administración Pública de que dependa el personal afectado.**

Obligación de resolver

⚐1. La Administración está ==obligada a dictar resolución expresa y a notificarla== en todos los procedimientos cualquiera que sea su forma de iniciación.

En los casos de **prescripción, renuncia del derecho, caducidad** del procedimiento o **desistimiento de la solicitud,** así como de desaparición sobrevenida del objeto del procedimiento, la ==resolución consistirá== en la declaración de la circunstancia que concurra en cada caso, con indicación de los hechos producidos y las normas aplicables.

==Se exceptúan== de la obligación a que se refiere el párrafo primero, los supuestos de terminación del procedimiento por **pacto o convenio,** así como los procedimientos relativos al ejercicio de derechos sometidos únicamente al deber de **declaración responsable o comunicación** a la Administración.

⚐2. El ==plazo máximo== en el que debe ==notificarse== la resolución expresa será el fijado por la **norma reguladora del correspondiente procedimiento.**

Este plazo **no podrá exceder de** ⏱ **seis meses salvo** que una **norma con rango de Ley** establezca **uno mayor** o así venga previsto en el **Derecho de la Unión Europea.**

⚐3. Cuando las **normas reguladoras de los procedimientos** ==no fijen el plazo máximo,== éste será de ⏱ **tres meses**. Este plazo y los previstos en el apartado anterior ==se contarán:==

a) En los procedimientos iniciados de oficio, desde la fecha del acuerdo de iniciación.

b) En los iniciados a solicitud del interesado, desde la fecha en que la solicitud haya tenido entrada en el registro electrónico de la Administración u Organismo competente para su tramitación.

⊡4. Las Administraciones Públicas deben publicar y mantener actualizadas en el portal web, a efectos informativos, las relaciones de procedimientos de su competencia, con indicación de los plazos máximos de duración de los mismos, así como de los efectos que produzca el silencio administrativo.

En todo caso, las Administraciones Públicas informarán a los interesados del plazo máximo establecido para la resolución de los procedimientos y para la notificación de los actos que les pongan término, así como de los efectos que pueda producir el silencio administrativo. Dicha mención se incluirá en la notificación o publicación del acuerdo de iniciación de oficio, o en la comunicación que se dirigirá al efecto al interesado dentro de los ⏱ **diez días** siguientes a la recepción de la solicitud iniciadora del procedimiento en el registro electrónico de la Administración u Organismo competente para su tramitación. En este último caso, la comunicación indicará además la fecha en que la solicitud ha sido recibida por el órgano competente.

⊡5. **Cuando el número de las solicitudes formuladas o las personas afectadas pudieran suponer un incumplimiento del plazo máximo de resolución,** el órgano competente para resolver, a propuesta razonada del órgano instructor, o el superior jerárquico del órgano competente para resolver, a propuesta de éste, **podrán habilitar los medios personales y materiales para cumplir con el despacho adecuado y en plazo.**

⊡6. El personal al servicio de las Administraciones Públicas que tenga a su cargo el despacho de los asuntos, así como los titulares de los órganos administrativos competentes para instruir y resolver son directamente responsables, en el ámbito de sus competencias, del cumplimiento de la obligación legal de dictar resolución expresa en plazo.

El incumplimiento de dicha obligación dará lugar a la exigencia de **responsabilidad disciplinaria,** sin perjuicio de la que hubiere lugar de acuerdo con la normativa aplicable.

Artículo 22. Suspensión del plazo máximo para resolver

1. El transcurso del plazo máximo legal para resolver un procedimiento y notificar la resolución **se podrá suspender** en los siguientes casos:

a) Cuando deba requerirse a cualquier interesado para la **subsanación de deficiencias o la aportación de documentos** y otros elementos de juicio necesarios, por el tiempo que medie entre la notificación del requerimiento y su efectivo cumplimiento por el destinatario, o, en su defecto, por el del plazo concedido, todo ello sin perjuicio de lo previsto en el artículo 68 de la presente Ley.

b) Cuando deba obtenerse un **pronunciamiento previo y preceptivo de un órgano de la Unión Europea**, por el tiempo que medie entre la petición, que habrá de comunicarse a los interesados, y la notificación del pronunciamiento a la Administración instructora, que también deberá serles comunicada.

c) Cuando exista un **procedimiento no finalizado en el ámbito de la Unión Europea** que condicione directamente el contenido de la resolución de que se trate, desde que se tenga constancia de su existencia, lo que deberá ser comunicado a los interesados, hasta que se resuelva, lo que también habrá de ser notificado.

d) Cuando se soliciten **informes preceptivos** a un órgano de la misma o distinta Administración, por el tiempo que medie entre la petición, que deberá comunicarse a los interesados, y la recepción del informe, que igualmente deberá ser comunicada a los mismos. Este plazo de suspensión no podrá exceder en ningún caso de ⏱ **tres meses**. En caso de no recibirse el informe en el plazo indicado, proseguirá el procedimiento.

e) Cuando deban realizarse **pruebas técnicas o análisis contradictorios o dirimentes** propuestos por los interesados, durante el tiempo necesario para la incorporación de los resultados al expediente.

f) Cuando **se inicien negociaciones con vistas a la conclusión de un pacto o convenio** en los términos previstos en el artículo 86 de esta Ley, desde la declaración formal al respecto y hasta la conclusión sin efecto, en su caso, de las referidas negociaciones, que se constatará mediante declaración formulada por la Administración o los interesados.

g) Cuando para la **resolución del procedimiento sea indispensable la obtención de un previo pronunciamiento por parte de un órgano jurisdiccional,** desde el momento en que se solicita, lo que habrá de comunicarse a los interesados, hasta que la Administración tenga constancia del mismo, lo que también deberá serles comunicado.

2. El transcurso del plazo máximo legal para resolver un procedimiento y notificar la resolución <mark>se suspenderá</mark> en los siguientes casos:

a) **Cuando una Administración Pública requiera a otra para que anule o revise un acto que entienda que es ilegal y que constituya la base para el que la primera haya de dictar en el ámbito de sus competencias,** en el supuesto al que se refiere el apartado 5 del artículo 39 de esta Ley, desde que se realiza el requerimiento hasta que se atienda o, en su caso, se resuelva el recurso interpuesto ante la jurisdicción contencioso administrativa. Deberá ser comunicado a los interesados tanto la realización del requerimiento, como su cumplimiento o, en su caso, la resolución del correspondiente recurso contencioso-administrativo.

b) Cuando el órgano competente para resolver decida realizar alguna **actuación complementaria** de las previstas en el artículo 87, desde el momento en que se notifique a los interesados el acuerdo motivado del inicio de las actuaciones hasta que se produzca su terminación.

c) Cuando los interesados promuevan la **recusación** en cualquier momento de la tramitación de un procedimiento, desde que ésta se plantee hasta que sea resuelta por el superior jerárquico del recusado.

Tal y como establece el artículo 74 de esta ley, la recusación es la única cuestión incidental que suspende la tramitación del procedimiento.

Artículo 23. **Ampliación del plazo máximo para resolver y notificar**

1. Excepcionalmente, **cuando se hayan agotado los medios personales y materiales disponibles a los que se refiere el apartado 5 del artículo 21,** el órgano competente para resolver, a propuesta, en su caso, del órgano instructor o el superior jerárquico del órgano competente para resolver, **podrá acordar** de manera motivada la **ampliación del plazo máximo de resolución y notificación,** no pudiendo ser este superior al establecido para la tramitación del procedimiento.

2. Contra el acuerdo que resuelva sobre la ampliación de plazos, que deberá ser notificado a los interesados, **no cabrá recurso alguno.**

✗ N O T A S ✗

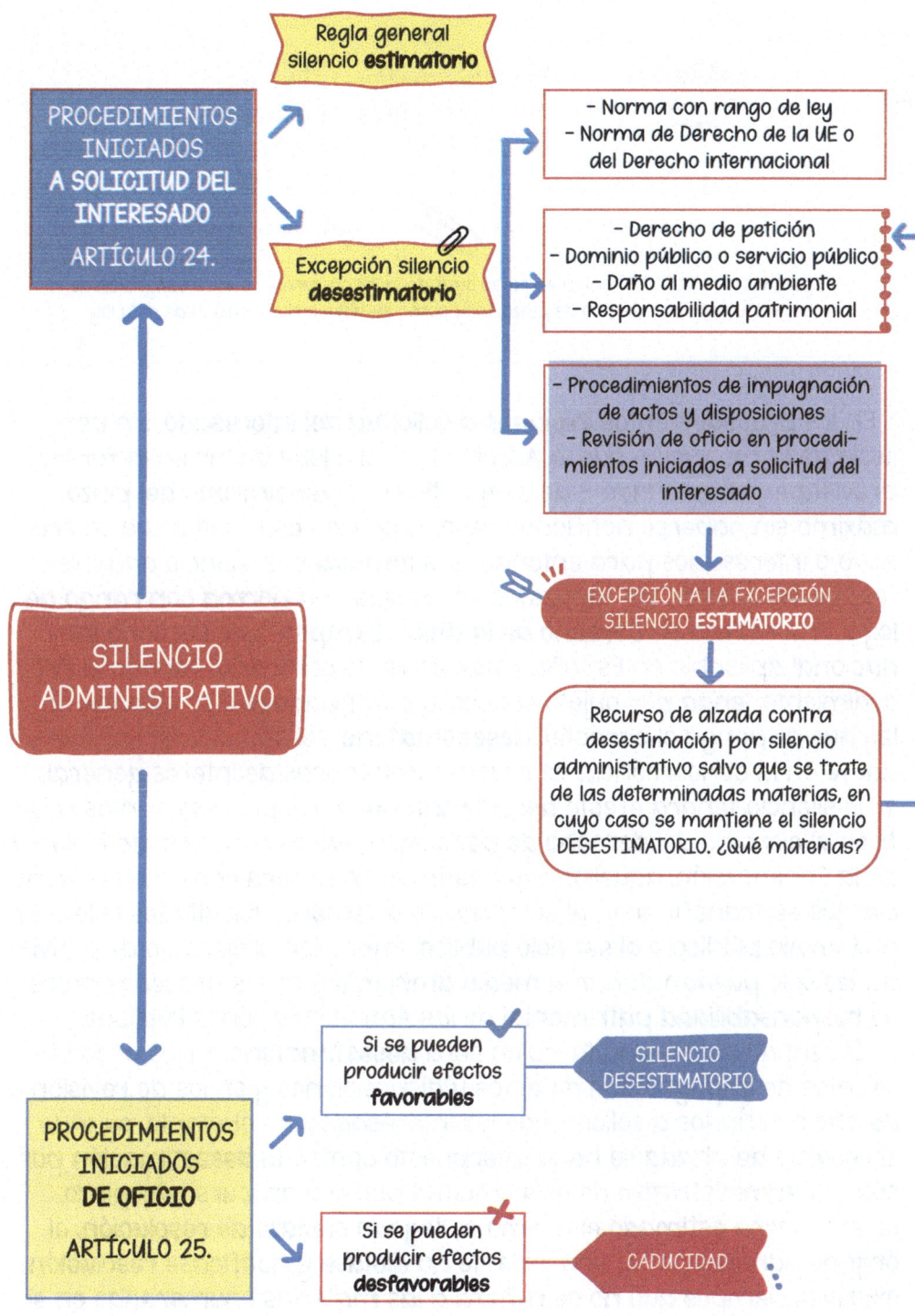

Regla general
silencio **estimatorio**

PROCEDIMIENTOS
INICIADOS
**A SOLICITUD DEL
INTERESADO**
ARTÍCULO 24.

Excepción silencio
desestimatorio

– Norma con rango de ley
– Norma de Derecho de la UE o
del Derecho internacional

– Derecho de petición
– Dominio público o servicio público
– Daño al medio ambiente
– Responsabilidad patrimonial

– Procedimientos de impugnación
de actos y disposiciones
– Revisión de oficio en procedimientos iniciados a solicitud del
interesado

EXCEPCIÓN A LA EXCEPCIÓN
SILENCIO **ESTIMATORIO**

Recurso de alzada contra
desestimación por silencio
administrativa salvo que se trate
de las determinadas materias, en
cuyo caso se mantiene el silencio
DESESTIMATORIO. ¿Qué materias?

SILENCIO
ADMINISTRATIVO

Si se pueden
producir efectos
favorables

SILENCIO
DESESTIMATORIO

PROCEDIMIENTOS
INICIADOS
DE OFICIO
ARTÍCULO 25.

Si se pueden
producir efectos
desfavorables

CADUCIDAD

Artículo  24.

Silencio administrativo en procedimientos iniciados a solicitud del interesado

El silencio administrativo entra en juego cuando la AP no cumple con su obligación de resolver y notificar dentro de plazo, tal y como establece el artículo 21 de esta ley.

1. En los procedimientos iniciados a solicitud del interesado, sin perjuicio de la resolución que la Administración debe dictar en la forma prevista en el apartado 3 de este artículo, el vencimiento del plazo máximo sin haberse notificado resolución expresa, legitima al interesado o interesados para entenderla estimada por silencio administrativo, excepto en los supuestos en los que una norma con rango de ley o una norma de Derecho de la Unión Europea o de Derecho internacional aplicable en España establezcan lo contrario. Cuando el procedimiento tenga por objeto el acceso a actividades o su ejercicio, la ley que disponga el carácter desestimatorio del silencio deberá fundarse en la concurrencia de razones imperiosas de interés general.

El silencio tendrá efecto desestimatorio en los procedimientos relativos al ejercicio del derecho de petición, a que se refiere el artículo 29 de la Constitución, aquellos cuya estimación tuviera como consecuencia que se transfirieran al solicitante o a terceros facultades relativas al dominio público o al servicio público, impliquen el ejercicio de actividades que puedan dañar el medio ambiente y en los procedimientos de responsabilidad patrimonial de las Administraciones Públicas.

El sentido del silencio también será desestimatorio en los procedimientos de impugnación de actos y disposiciones y en los de revisión de oficio iniciados a solicitud de los interesados. No obstante, cuando el recurso de alzada se haya interpuesto contra la desestimación por silencio administrativo de una solicitud por el transcurso del plazo, se entenderá estimado el mismo si, llegado el plazo de resolución, el órgano administrativo competente no dictase y notificase resolución expresa, siempre que no se refiera a las materias enumeradas en el párrafo anterior de este apartado.

Es lo que se conoce como la penalización por el doble silencio desestimatorio: se convierte en silencio estimatorio.
Recuerda: como en las matemáticas, − x − = +

🖎2. La **estimación por silencio administrativo** tiene a todos los efectos la consideración de acto administrativo **finalizador del procedimiento.** La desestimación por silencio administrativo tiene los solos efectos de permitir a los interesados la interposición del recurso administrativo o contencioso–administrativo que resulte procedente.

🖎3. La **obligación de dictar resolución expresa** a que se refiere el aparta-do primero del artículo 21 se sujetará al siguiente régimen:

a) En los casos de **estimación por silencio administrativo**, la **resolución expresa posterior** a la producción del acto sólo podrá dictarse de ser **confirmatoria del mismo.**

b) En los casos de **desestimación por silencio administrativo**, la **reso-lución expresa posterior** al vencimiento del plazo se adoptará por la Administración **sin vinculación alguna al sentido del silencio.**

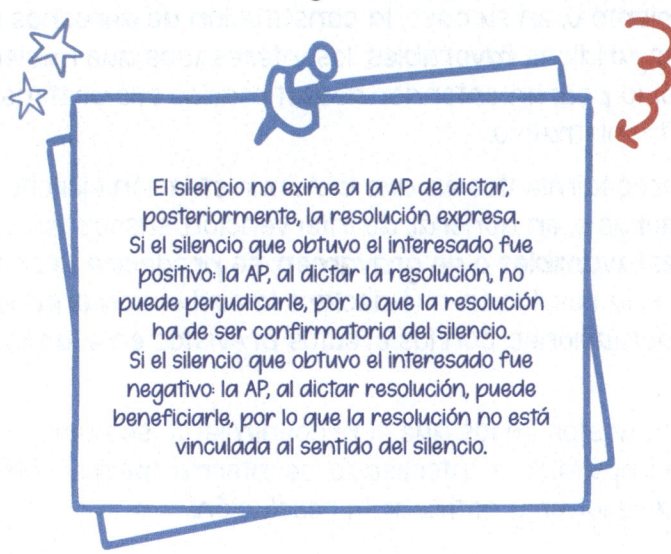

El silencio no exime a la AP de dictar, posteriormente, la resolución expresa.
Si el silencio que obtuvo el interesado fue positivo: la AP, al dictar la resolución, no puede perjudicarle, por lo que la resolución ha de ser confirmatoria del silencio.
Si el silencio que obtuvo el interesado fue negativo: la AP, al dictar resolución, puede beneficiarle, por lo que la resolución no está vinculada al sentido del silencio.

✎4. Los actos administrativos producidos por silencio administrativo se podrán **hacer valer** tanto ante la Administración como ante cualquier persona física o jurídica, pública o privada. Los mismos **producen efectos** desde el vencimiento del plazo máximo en el que debe dictarse y notificarse la resolución expresa sin que la misma se haya expedido, y **su existencia puede ser acreditada** por cualquier medio de prueba admitido en Derecho, incluido el certificado acreditativo del silencio producido. Este **certificado se expedirá de oficio** por el órgano competente para resolver en el plazo de ⏲ quince días desde que expire el plazo máximo para resolver el procedimiento. Sin perjuicio de lo anterior, el **interesado podrá pedirlo en cualquier momento,** computándose el plazo indicado anteriormente desde el ⏲ día siguiente a aquél en que la petición tuviese entrada en el registro electrónico de la Administración u Organismo competente para resolver.

Artículo 25. Falta de resolución expresa en procedimientos iniciados de oficio

• 1. En los procedimientos iniciados de oficio, el vencimiento del plazo máximo establecido sin que se haya dictado y notificado resolución expresa no exime a la Administración del cumplimiento de la obligación legal de resolver, produciendo los siguientes efectos:

a) En el caso de procedimientos de los que pudiera derivarse el reconocimiento o, en su caso, la constitución de derechos u otras situaciones jurídicas **favorables**, los interesados que hubieren comparecido podrán entender desestimadas sus pretensiones por silencio administrativo.

b) En los procedimientos en que la Administración ejercite potestades sancionadoras o, en general, de intervención, susceptibles de producir efectos **desfavorables o de gravamen,** se producirá la caducidad. En estos casos, la resolución que declare la caducidad ordenará el archivo de las actuaciones, con los efectos previstos en el artículo 95.

• 2. En los supuestos en los que el procedimiento se hubiera paralizado por causa imputable al interesado, se interrumpirá el cómputo del plazo para resolver y notificar la resolución.

Emisión de documentos por las administraciones públicas

1. Se entiende por **documentos públicos administrativos** los válidamente emitidos por los órganos de las Administraciones Públicas. Las Administraciones Públicas emitirán los documentos administrativos por **escrito**, a través de **medios electrónicos**, a menos que su naturaleza exija otra forma más adecuada de expresión y constancia.

2. Para ser considerados **válidos**, los **documentos electrónicos administrativos** deberán:

a) Contener información de cualquier naturaleza archivada en un **soporte electrónico** según un formato determinado susceptible de identificación y tratamiento diferenciado.

b) Disponer de los datos de **identificación** que permitan su individualización, sin perjuicio de su posible incorporación a un expediente electrónico.

c) Incorporar una **referencia temporal** del momento en que han sido emitidos.

d) Incorporar los **metadatos** mínimos exigidos.

e) Incorporar las **firmas electrónicas** que correspondan de acuerdo con lo previsto en la normativa aplicable.
Se considerarán válidos los documentos electrónicos, que cumpliendo estos requisitos, sean trasladados a un tercero a través de medios electrónicos.

3. **No requerirán de firma electrónica,** los documentos electrónicos emitidos por las Administraciones Públicas que se publiquen con carácter **meramente informativo,** así como aquellos que **no formen parte de un expediente** administrativo. En todo caso, **será necesario identificar el origen** de estos documentos.

 **Artículo 27.**

1. Cada Administración Pública determinará los órganos que tengan atribuidas las competencias de expedición de copias auténticas de los documentos públicos administrativos o privados.

> ¡No todos los órganos son competentes para expedir copias auténticas!

Las copias auténticas de documentos privados surten únicamente efectos administrativos. Las copias auténticas realizadas por una Administración Pública tendrán validez en las restantes Administraciones.

A estos efectos, la Administración General del Estado, las Comunidades Autónomas y las Entidades Locales podrán realizar copias auténticas mediante funcionario habilitado o mediante actuación administrativa automatizada.

Se deberá mantener actualizado un ==registro, u otro sistema equivalente,== donde constarán los ==funcionarios habilitados== para la expedición de copias auténticas que deberán ser plenamente interoperables y estar interconectados con los de las restantes Administraciones Públicas, a los efectos de comprobar la validez de la citada habilitación. En este registro o sistema equivalente constarán, al menos, los funcionarios que presten servicios en las oficinas de asistencia en materia de registros.

2. Tendrán la consideración de copia auténtica de un documento público administrativo o privado las realizadas, cualquiera que sea su soporte, por los órganos competentes de las Administraciones Públicas en las que quede garantizada la identidad del órgano que ha realizado la copia y su contenido.

Las **copias auténticas** tendrán la ==misma validez y eficacia== que los **documentos originales**.

3. Para garantizar la identidad y contenido de las copias electrónicas o en papel, y por tanto su carácter de ==copias auténticas,== las Administraciones Públicas deberán ajustarse a lo previsto en el **Esquema Nacional de Interoperabilidad,** el **Esquema Nacional de Seguridad** y sus normas técnicas de desarrollo, así como a las **siguientes ==reglas:==**

a) Las copias electrónicas de un documento electrónico original o de una copia electrónica auténtica, con o sin cambio de formato, deberán incluir los metadatos que acrediten su condición de copia y que se visualicen al consultar el documento.

b) Las copias electrónicas de documentos en soporte papel o en otro soporte no electrónico susceptible de digitalización, requerirán que el documento haya sido digitalizado y deberán incluir los metadatos que acrediten su condición de copia y que se visualicen al consultar el documento.

Se entiende por digitalización, el proceso tecnológico que permite convertir un documento en soporte papel o en otro soporte no electrónico en un fichero electrónico que contiene la imagen codificada, fiel e íntegra del documento.

c) Las copias en soporte papel de documentos electrónicos requerirán que en las mismas figure la condición de copia y contendrán un código generado electrónicamente u otro sistema de verificación, que permitirá contrastar la autenticidad de la copia mediante el acceso a los archivos electrónicos del órgano u Organismo público emisor.

d) Las copias en soporte papel de documentos originales emitidos en dicho soporte se proporcionarán mediante una copia auténtica en papel del documento electrónico que se encuentre en poder de la Administración o bien mediante una puesta de manifiesto electrónica conteniendo copia auténtica del documento original.

A estos efectos, las Administraciones harán públicos, a través de la sede electrónica correspondiente, los códigos seguros de verificación u otro sistema de verificación utilizado.

4. Los **interesados podrán solicitar, en cualquier momento,** la expedición de **copias auténticas** de los documentos públicos administrativos que hayan sido válidamente emitidos por las Administraciones Públicas. La solicitud se dirigirá al **órgano** que emitió el documento original, debiendo **expedirse,** salvo las excepciones derivadas de la aplicación de la Ley 19/2013, de 9 de diciembre, en el plazo de ⏱ quince días a contar desde la recepción de la solicitud en el registro electrónico de la Administración u Organismo competente.

Asimismo, las Administraciones Públicas estarán obligadas a expedir copias auténticas electrónicas de cualquier documento en papel que presenten los interesados y que se vaya a incorporar a un expediente administrativo.

5. Cuando las Administraciones Públicas expidan copias auténticas electrónicas, deberá quedar expresamente así indicado en el documento de la copia.

6. La expedición de copias auténticas de **documentos públicos notariales, registrales y judiciales,** así como de los diarios oficiales, se regirá por su **legislación específica.**

• •

Artículo  **28.** Documentos aportados por los interesados al procedimiento administrativo

➤ 1. Los interesados <mark>deberán</mark> aportar al procedimiento administrativo los datos y documentos **exigidos** por las Administraciones Públicas de acuerdo con lo dispuesto en la **normativa aplicable.** Asimismo, los interesados <mark>podrán</mark> aportar cualquier otro documento que **estimen conveniente.**

2. Los interesados tienen ==derecho a no aportar== documentos que ya se encuentren en **poder** de la **Administración actuante** o hayan sido **elaborados** por **cualquier otra Administración.** La administración actuante podrá consultar o recabar dichos documentos salvo que el interesado se opusiera a ello. No cabrá la oposición cuando la aportación del documento se exigiera en el marco del ejercicio de potestades sancionadoras o de inspección.

Las Administraciones Públicas deberán recabar los documentos electrónicamente a través de sus redes corporativas o mediante consulta a las plataformas de intermediación de datos u otros sistemas electrónicos habilitados al efecto.

Cuando se trate de informes preceptivos ya elaborados por un órgano administrativo distinto al que tramita el procedimiento, estos deberán ser remitidos en el plazo de 🕐 **diez días** a contar desde su solicitud. Cumplido este plazo, se informará al interesado de que puede aportar este informe o esperar a su remisión por el órgano competente.

3. Las Administraciones ==no exigirán== a los interesados la presentación de **documentos originales,** salvo que, con carácter excepcional, la normativa reguladora aplicable establezca lo contrario.

Asimismo, las Administraciones Públicas ==no requerirán== a los interesados datos o **documentos no exigidos por la normativa reguladora aplicable o que hayan sido aportados anteriormente por el interesado a cualquier Administración.** A estos efectos, el interesado deberá indicar en qué momento y ante qué órgano administrativo presentó los citados documentos, debiendo las Administraciones Públicas recabarlos electrónicamente a través de sus redes corporativas o de una consulta a las plataformas de intermediación de datos u otros sistemas electrónicos habilitados al efecto, salvo que conste en el procedimiento la oposición expresa del interesado o la ley especial aplicable requiera su consentimiento expreso. Excepcionalmente, si las Administraciones Públicas no pudieran recabar los citados documentos, podrán solicitar nuevamente al interesado su aportación.

4. Cuando con carácter excepcional, y de acuerdo con lo previsto en esta Ley, **la Administración solicitara al interesado la presentación de un documento original y éste estuviera en formato papel, el interesado deberá obtener una copia auténtica,** según los requisitos establecidos en el artículo 27, **con carácter previo a su presentación electrónica.** La copia electrónica resultante reflejará expresamente esta circunstancia.

➤5. Excepcionalmente, cuando la relevancia del documento en el procedimiento lo exija o existan dudas derivadas de la calidad de la copia, las Administraciones podrán solicitar de manera motivada el cotejo de las copias aportadas por el interesado, para lo que podrán requerir la exhibición del documento o de la información original.

➤6. Las copias que aporten los interesados al procedimiento administrativo tendrán eficacia, exclusivamente en el ámbito de la actividad de las Administraciones Públicas.

➤7. Los interesados se responsabilizarán de la veracidad de los documentos que presenten.

CAPÍTULO II

Términos y plazos

✗

Artículo 29.

Obligatoriedad de términos y plazos

Los términos y plazos establecidos en esta u otras leyes **obligan** a las **autoridades y personal al servicio de las Administraciones Públicas** competentes para la tramitación de los asuntos, así como a los **interesados** en los mismos.

Artículo 30. Cómputo de plazos

▶ 1. Salvo que por Ley o en el Derecho de la Unión Europea se disponga otro cómputo, cuando los plazos se señalen por **horas,** se entiende que éstas son **hábiles.** Son hábiles todas las horas del día que formen parte de un día hábil.

Los plazos expresados por horas **se contarán** de hora en hora y de minuto en minuto **desde la hora y minuto en que tenga lugar la notificación o publicación** del acto de que se trate y no podrán tener una duración superior a veinticuatro horas, en cuyo caso se expresarán en días.

▶ 2. Siempre que por Ley o en el Derecho de la Unión Europea no se exprese otro cómputo, cuando los plazos se señalen por **días,** se entiende que éstos son **hábiles**, excluyéndose del cómputo los sábados, los domingos y los declarados festivos.

Cuando los plazos se hayan **señalado por días naturales** por declararlo así una ley o por el Derecho de la Unión Europea, **se hará constar esta circunstancia en las correspondientes notificaciones.**

> Si no se especifica que el plazo es en días naturales se entenderá que se computan solo los días hábiles.
> NO son días hábiles:
> – Sábados.
> – Domingos.
> – Festivos.

▶ 3. Los plazos expresados en días **se contarán a partir del día siguiente a aquel en que tenga lugar la notificación o publicación** del acto de que se trate, o desde el siguiente a aquel en que se produzca la estimación o la desestimación por silencio administrativo.

▶ 4. Si el plazo se fija en **meses o años,** éstos **se computarán a partir del día siguiente a aquel en que tenga lugar la notificación o publicación** del acto de que se trate, o desde el siguiente a aquel en que se produzca la estimación o desestimación por silencio administrativo.

El plazo concluirá el mismo día en que se produjo la notificación,

publicación o silencio administrativo en el mes o el año de vencimiento. ==Si en el mes de vencimiento no hubiera día equivalente a aquel en que comienza el cómputo, se entenderá que el plazo expira el último día del mes.==

▶ 5. **Cuando el** ==último día del plazo sea inhábil, se entenderá prorrogado al primer día hábil siguiente.==

▶ 6. Cuando un día fuese **hábil en el municipio o Comunidad Autónoma en que residiese el interesado, e inhábil en la sede del órgano administrativo, o a la inversa,** se considerará ==inhábil== en todo caso.

▶ 7. La Administración General del Estado y las Administraciones de las Comunidades Autónomas, con sujeción al calendario laboral oficial, fijarán, en su respectivo ámbito, el calendario de días inhábiles a efectos de cómputos de plazos. El calendario aprobado por las Comunidades Autónomas comprenderá los días inhábiles de las Entidades Locales correspondientes a su ámbito territorial, a las que será de aplicación.

Dicho **calendario deberá publicarse antes del comienzo de cada año** en el diario oficial que corresponda, así como en otros medios de difusión que garanticen su conocimiento generalizado.

▶ 8. La declaración de un día como hábil o inhábil a efectos de cómputo de plazos no determina por sí sola el funcionamiento de los centros de trabajo de las Administraciones Públicas, la organización del tiempo de trabajo o el régimen de jornada y horarios de las mismas.

✗ N O T A S ✗

1. Cada Administración Pública publicará los días y el horario en el que deban permanecer abiertas las oficinas que prestarán asistencia para la presentación electrónica de documentos, garantizando el derecho de los interesados a ser asistidos en el uso de medios electrónicos.

2. El registro electrónico de cada Administración u Organismo se regirá a efectos de cómputo de los plazos, por la fecha y hora oficial de la sede electrónica de acceso, que deberá contar con las medidas de seguridad necesarias para garantizar su integridad y figurar de modo accesible y visible.

El funcionamiento del registro electrónico se regirá por las siguientes reglas:

a) **Permitirá la presentación de documentos todos los días del año durante las ⏱ veinticuatro horas.**

b) A los efectos del cómputo de plazo fijado en días hábiles, y en lo que se refiere al cumplimiento de plazos por los interesados, **la presentación en un día inhábil se entenderá realizada en la ⏱ primera hora del ⏱ primer día hábil siguiente** salvo que una norma permita expresamente la recepción en día inhábil.
Los documentos se considerarán presentados **por el orden de hora efectiva en el que lo fueron en el día inhábil.** Los documentos presentados en el día inhábil se **reputarán anteriores, según el mismo orden, a los que lo fueran el primer día hábil posterior.**

c) El **inicio del cómputo de los plazos que hayan de cumplir las Administraciones Públicas vendrá determinado por la fecha y hora de presentación en el registro electrónico de cada Administración u Organismo.** En todo caso, la fecha y hora efectiva de inicio del cómputo de plazos deberá ser comunicada a quien presentó el documento.

● 3. **La sede electrónica del registro de cada Administración Pública u Organismo, determinará,** atendiendo al ámbito territorial en el que ejerce sus competencias el titular de aquélla y al calendario previsto en el artículo 30.7, **los días que se considerarán inhábiles a los efectos previstos en este artículo.** Este será el único calendario de días inhábiles que se aplicará a efectos del cómputo de plazos en los registros electrónicos, sin que resulte de aplicación a los mismos lo dispuesto en el artículo 30.6.

Artículo 32. Ampliación

1. La Administración, salvo precepto en contrario, podrá conceder **de oficio o a petición de los interesados,** una ampliación de los plazos establecidos, **que no exceda de la mitad** de los mismos, si las circunstancias lo aconsejan y con ello no se perjudican derechos de tercero. El acuerdo de ampliación deberá ser notificado a los interesados.

2. La ampliación de los plazos por el tiempo máximo permitido se aplicará en todo caso a los procedimientos tramitados por las misiones diplomáticas y oficinas consulares, así como a aquellos que, sustanciándose en el interior, exijan cumplimentar algún trámite en el extranjero o en los que intervengan interesados residentes fuera de España.

3. Tanto la petición de los interesados como la decisión sobre la ampliación deberán producirse, en todo caso, antes del vencimiento del plazo de que se trate. **En ningún caso podrá ser objeto de ampliación un plazo ya vencido.** Los acuerdos sobre ampliación de plazos o sobre su denegación **no serán susceptibles de recurso,** sin perjuicio del procedente contra la resolución que ponga fin al procedimiento.

4. Cuando una **incidencia técnica** haya imposibilitado el funcionamiento ordinario del sistema o aplicación que corresponda, y hasta que se solucione el problema, la **Administración podrá determinar una ampliación de los plazos** no vencidos, debiendo publicar en la sede electrónica tanto la incidencia técnica acontecida como la ampliación concreta del plazo no vencido.

5. Cuando como consecuencia de un **ciberincidente** se hayan visto gravemente afectados los servicios y sistemas utilizados para la tramitación de los procedimientos y el ejercicio de los derechos de los interesados que prevé la normativa vigente, **la Administración podrá acordar la ampliación general de plazos** de los procedimientos administrativos.

Artículo 33. Tramitación de urgencia

1. Cuando razones de interés público lo aconsejen, se podrá acordar, **de oficio o a petición del interesado,** la aplicación al procedimiento de la tramitación de urgencia, por la cual **se reducirán a la mitad** los plazos establecidos para el procedimiento ordinario, salvo los relativos a la presentación de solicitudes y recursos.

2. **No cabrá recurso** alguno contra el acuerdo que declare la aplicación de la tramitación de urgencia al procedimiento, sin perjuicio del procedente contra la resolución que ponga fin al procedimiento.

NOTAS

TÍTULO III
De los actos administrativos

CAPÍTULO I

Requisitos de los actos administrativos

Artículo 34.

Producción y contenido

➤ 1. Los actos administrativos que dicten las Administraciones Públicas, bien de oficio o a instancia del interesado, se producirán por el órgano competente ajustándose a los requisitos y al procedimiento establecido.

➤ 2. El contenido de los actos se ajustará a lo dispuesto por el ordenamiento jurídico y será determinado y adecuado a los fines de aquéllos.

Artículo 35.  Motivación

1. Serán ==motivados==, con sucinta referencia de hechos y fundamentos de derecho:

✶ a) Los actos que **limiten derechos subjetivos o intereses legítimos**.

✶ b) Los actos que **resuelvan procedimientos de revisión de oficio** de disposiciones o actos administrativos, **recursos administrativos y procedimientos de arbitraje** y los que **declaren su inadmisión**.

> Han de ser motivados tanto los actos que inadmitan como los actos que resuelvan tales procedimientos:
> – Inadmitir consiste en no entrar en el fondo del asunto.
> – Resolver consiste en pronunciarse sobre el fondo del asunto, una vez que se ha admitido previamente.

✗c) Los actos que se **separen del criterio seguido en actuaciones prece-**
dentes o del dictamen de órganos consultivos.

✗d) Los **acuerdos de suspensión de actos,** cualquiera que sea el motivo
de ésta, así como la **adopción de medidas provisionales** previstas en el
artículo 56.

✗e) Los acuerdos de aplicación de la **tramitación de urgencia,** de **am-**
pliación de plazos y de realización de **actuaciones complementarias.**

✗f) Los actos que **rechacen pruebas propuestas por los interesados.**

✗g) Los actos que acuerden la **terminación del procedimiento por la**
imposibilidad material de continuarlo por causas sobrevenidas, así
como los que acuerden el **desistimiento por la Administración en**
procedimientos iniciados de oficio.

✗h) Las **propuestas de resolución en los procedimientos de carácter**
sancionador, así como los **actos que resuelvan procedimientos de**
carácter sancionador o de responsabilidad patrimonial.

✗i) Los actos que se **dicten en el ejercicio de potestades discrecionales,**
así como los que **deban serlo en virtud de disposición legal o regla-**
mentaria expresa.

2. La ==motivación== de los actos que pongan fin a los **procedimientos**
selectivos y de concurrencia competitiva se ==realizará de conformidad==
==con lo que dispongan las normas que regulen sus convocatorias,==
debiendo, en todo caso, quedar acreditados en el procedimiento los
fundamentos de la resolución que se adopte.

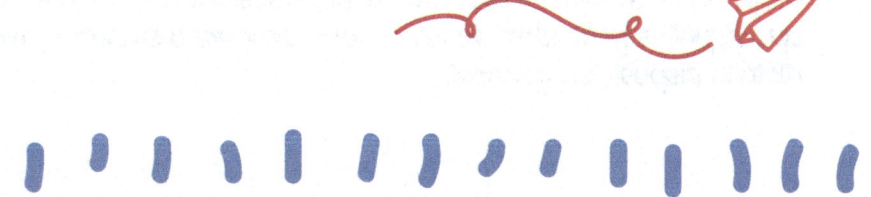

Artículo 36.  Forma

1. Los **actos** administrativos se producirán por escrito a través de medios electrónicos, a menos que su naturaleza exija otra forma más adecuada de expresión y constancia.

2. En los casos en que los órganos administrativos ejerzan su competencia de forma verbal, la constancia escrita del **acto**, cuando sea necesaria, se efectuará y firmará por el titular del órgano inferior o funcionario que la reciba oralmente, expresando en la comunicación del mismo la autoridad de la que procede. Si se tratara de **resoluciones**, el titular de la competencia deberá autorizar una relación de las que haya dictado de forma verbal, con expresión de su contenido.

3. Cuando deba dictarse una serie de **actos administrativos de la misma naturaleza**, tales como nombramientos, concesiones o licencias, podrán **refundirse en un único acto**, acordado por el órgano competente, que especificará las personas u otras circunstancias que individualicen los efectos del acto para cada interesado.

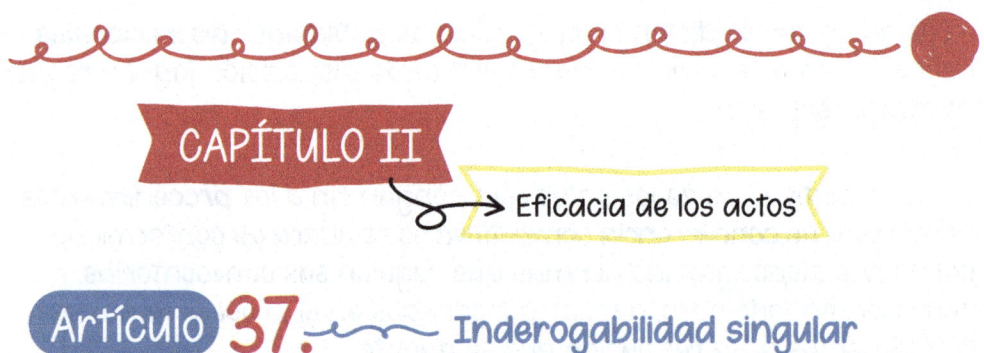

CAPÍTULO II

Eficacia de los actos

Artículo 37. Inderogabilidad singular

1. Las resoluciones administrativas de carácter particular no podrán vulnerar lo establecido en una disposición de carácter general, aunque aquéllas procedan de un órgano de igual o superior jerarquía al que dictó la disposición general.

2. Son **nulas** las resoluciones administrativas que vulneren lo establecido en una disposición reglamentaria, así como aquellas que incurran en
alguna de las causas recogidas en el artículo 47.

Artículo 38.
Ejecutividad

Los actos de las Administraciones Públicas sujetos al
Derecho Administrativo <mark>serán ejecutivos</mark> con arreglo a lo
dispuesto en esta Ley.

Artículo 39.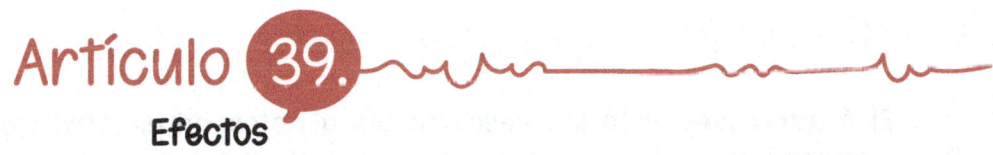
Efectos

1. Los actos de las Administraciones Públicas sujetos al Derecho
Administrativo <mark>se presumirán válidos y producirán efectos</mark> desde
la **fecha en que se dicten**, salvo que en ellos se disponga otra cosa.

2. La eficacia **quedará demorada** cuando así lo exija el contenido del acto o
esté supeditada a su notificación, publicación o aprobación superior.

3. Excepcionalmente, podrá otorgarse **eficacia retroactiva** a los actos cuando se dicten en sustitución de actos anulados, así como cuando produzcan efectos favorables al interesado, siempre que los supuestos
de hecho necesarios existieran ya en la fecha a que se retrotraiga la
eficacia del acto y ésta no lesione derechos o intereses legítimos de
otras personas.

➤ 4. Las normas y actos dictados por los órganos de las Administraciones Públicas en el ejercicio de su propia competencia deberán ser observadas por el resto de los órganos administrativos, aunque no dependan jerárquicamente entre sí o pertenezcan a otra Administración.

➤ 5. Cuando una Administración Pública tenga que dictar, en el ámbito de sus competencias, un acto que necesariamente tenga por base otro dictado por una Administración Pública distinta y aquélla entienda que es ilegal, podrá requerir a ésta previamente para que **anule o revise** el acto de acuerdo con lo dispuesto en el artículo 44 de la Ley 29/1998, de 13 de julio, reguladora de la Jurisdicción Contencioso- Administrativa, y, de rechazar el requerimiento, podrá interponer **recurso contencioso-administrativo**. En estos casos, quedará **suspendido el procedimiento** para dictar resolución.

✗✗ Artículo 40. Notificación

• 1. El órgano que dicte las resoluciones y actos administrativos los **notificará** **a los interesados** cuyos derechos e intereses sean afectados por aquéllos, en los términos previstos en los artículos siguientes.

• 2. Toda notificación deberá ser cursada dentro del plazo de ⏲ **diez** **días** a partir de la fecha en que el acto haya sido dictado, y **deberá contener el texto íntegro de la resolución, con indicación de si pone fin o no a la vía administrativa, la expresión de los recursos que procedan, en su caso, en vía administrativa y judicial, el órgano ante el que hubieran de presentarse y el plazo para interponerlos**, sin perjuicio de que los interesados puedan ejercitar, en su caso, cualquier otro que estimen procedente.

• 3. Las notificaciones que, conteniendo el texto íntegro del acto, omitiesen alguno de los demás requisitos previstos en el apartado anterior, **surtirán efecto** a partir de la fecha en que el interesado realice actuaciones que supongan el conocimiento del contenido y alcance de la resolución o acto objeto de la notificación, o interponga cualquier recurso que proceda.

El apartado 3 hace referencia a las notificaciones defectuosas: aquellas que contienen el texto íntegro pero que omiten alguno de los demás requisitos. A pesar de ser defectuosas, surten efecto desde que el interesado actúa en consecuencia. Por ejemplo, si la AP notifica una resolución con el texto íntegro pero no indica el recurso que se puede interponer y el interesado lo interpone, actúa en consecuencia y la notificación será válida.

● 4. Sin perjuicio de lo establecido en el apartado anterior, y **a los solos efectos de entender cumplida la obligación de notificar dentro del plazo máximo** de duración de los procedimientos, será suficiente la notificación que contenga, cuando menos, el texto íntegro de la resolución, así como el intento de notificación debidamente acreditado.

● 5. Las Administraciones Públicas podrán adoptar las medidas que consideren necesarias para la protección de los datos personales que consten en las resoluciones y actos administrativos, cuando éstos tengan por destinatarios a más de un interesado.

Artículo 41.

Condiciones generales para la práctica de las notificaciones

1. Las notificaciones se practicarán preferentemente por medios electrónicos y, en todo caso, cuando el interesado resulte obligado a recibirlas por esta vía.
No obstante lo anterior, las Administraciones podrán practicar las notificaciones por medios no electrónicos en los siguientes supuestos:

a) Cuando la notificación se realice con ocasión de la **comparecencia espontánea** del interesado o su representante en las oficinas de asistencia en materia de registro y solicite la comunicación o notificación personal en ese momento.

b) Cuando para asegurar la eficacia de la actuación administrativa resulte necesario practicar la notificación por **entrega directa de un empleado público** de la Administración notificante.

Con independencia del medio utilizado, las notificaciones serán válidas siempre que permitan tener constancia de su envío o puesta a disposición, de la recepción o acceso por el interesado o su representante, de sus fechas y horas, del contenido íntegro, y de la identidad fidedigna del remitente y destinatario de la misma. La acreditación de la notificación efectuada se incorporará al expediente.

Los interesados que no estén obligados a recibir notificaciones electrónicas, podrán decidir y comunicar en cualquier momento a la Administración Pública, mediante los modelos normalizados que se establezcan al efecto, que las notificaciones sucesivas se practiquen o dejen de practicarse por medios electrónicos.

Reglamentariamente, las Administraciones podrán establecer la obligación de practicar electrónicamente las notificaciones para **determinados procedimientos** y para **ciertos colectivos** de personas físicas que por razón de su capacidad económica, técnica, dedicación profesional u otros motivos quede acreditado que tienen acceso y disponibilidad de los medios electrónicos necesarios.

Adicionalmente, el interesado podrá identificar un dispositivo electrónico y/o una dirección de correo electrónico que servirán para el envío de los avisos regulados en este artículo, pero no para la práctica de notificaciones.

2. **En ningún caso se efectuarán por medios electrónicos** las siguientes notificaciones:

a) Aquellas en las que el acto a notificar vaya acompañado de elementos que **no sean susceptibles de conversión en formato electrónico.**

b) Las que **contengan medios de pago** a favor de los obligados, tales como cheques.

3. En los procedimientos ==iniciados a solicitud del interesado,== la notificación se practicará por el **medio señalado al efecto por aquel.** Esta notificación será electrónica en los casos en los que exista obligación de relacionarse de esta forma con la Administración.

Cuando no fuera posible realizar la notificación de acuerdo con lo señalado en la solicitud, se practicará **en cualquier lugar adecuado a tal fin,** y por cualquier medio que permita tener constancia de la recepción por el interesado o su representante, así como de la fecha, la identidad y el contenido del acto notificado.

4. En los procedimientos ==iniciados de oficio,== a los solos efectos de su iniciación, las Administraciones Públicas podrán recabar, mediante consulta a las bases de datos del Instituto Nacional de Estadística, los datos sobre el domicilio del interesado recogidos en el **Padrón Municipal,** remitidos por las Entidades Locales en aplicación de lo previsto en la Ley 7/1985, de 2 de abril, reguladora de las Bases del Régimen Local.

5. Cuando el interesado o su representante rechace la notificación de una actuación administrativa, se hará constar en el expediente, especificándose las circunstancias del intento de notificación y el medio, dando por efectuado el trámite y siguiéndose el procedimiento.

6. Con independencia de que la notificación se realice en papel o por medios electrónicos, las Administraciones Públicas enviarán un aviso al dispositivo electrónico y/o a la dirección de correo electrónico del interesado que éste haya comunicado, informándole de la puesta a disposición de una notificación en la sede electrónica de la Administración u Organismo correspondiente o en la dirección electrónica habilitada única. **La falta de práctica de este aviso no impedirá que la notificación sea considerada plenamente válida.**

7. Cuando el interesado fuera notificado por distintos cauces, se tomará como fecha de notificación la de aquélla que se hubiera producido en primer lugar.

Artículo 42.

Práctica de las notificaciones en papel

— 1. Todas las notificaciones que se practiquen en papel deberán ser puestas a disposición del interesado en la sede electrónica de la Administración u Organismo actuante para que pueda acceder al contenido de las mismas de forma voluntaria.

— 2. Cuando la notificación se practique en el domicilio del interesado, de no hallarse presente éste en el momento de entregarse la notificación, podrá hacerse cargo de la misma cualquier persona mayor de catorce años que se encuentre en el domicilio y haga constar su identidad. Si nadie se hiciera cargo de la notificación, se hará constar esta circunstancia en el expediente, junto con el día y la hora en que se intentó la notificación, intento que se repetirá por una sola vez y en una hora distinta dentro de los 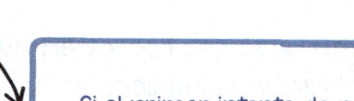 tres días siguientes. En caso de que el primer intento de notificación se haya realizado antes de las quince horas, el segundo intento deberá realizarse después de las quince horas y viceversa, dejando en todo caso al menos un margen de diferencia de tres horas entre ambos intentos de notificación. Si el segundo intento también resultara infructuoso, se procederá en la forma prevista en el artículo 44.

> Si el primer intento de notificación resulta infructuoso, se realiza únicamente un segundo intento siguiendo la denominada regla del 3:
> - Dentro de los 3 días siguientes.
> - Después de las 15:00, si el primer intento se ha realizado antes de las 15:00, y viceversa.
> - Con un margen de diferencia de 3 horas con respecto al primer intento.

— 3. Cuando el interesado accediera al contenido de la notificación en sede electrónica, se le ofrecerá la posibilidad de que el resto de notificaciones se puedan realizar a través de medios electrónicos.

Artículo 43.

Práctica de las notificaciones a través de medios electrónicos

➤ 1. Las **notificaciones por medios electrónicos** se practicarán mediante comparecencia en la **sede electrónica** de la Administración u Organismo actuante, a través de la **dirección electrónica habilitada única** o mediante **ambos sistemas**, según disponga cada Administración u Organismo.

A los efectos previstos en este artículo, **se entiende por comparecencia** en la sede electrónica, **el acceso** por el interesado o su representante debidamente identificado **al contenido de la notificación**.

➤ 2. Las notificaciones por medios electrónicos **se entenderán practicadas en el momento en que se produzca el acceso a su contenido.**

Cuando la notificación por **medios electrónicos** sea de carácter obligatorio, o haya sido expresamente elegida por el interesado, **se entenderá rechazada** cuando hayan transcurrido ⏱ **diez días** **naturales** desde la puesta a disposición de la notificación sin que se acceda a su contenido.

➤ 3. Se entenderá cumplida la obligación a la que se refiere el artículo 40.4 con la puesta a disposición de la notificación en la sede electrónica de la Administración u Organismo actuante o en la dirección electrónica habilitada única.

¡Es el único plazo en días naturales que contempla la ley!

➤ 4. Los interesados podrán acceder a las notificaciones desde el Punto de Acceso General electrónico de la Administración, que funcionará como un portal de acceso.

Artículo 44. Notificación infructuosa

Cuando los interesados en un procedimiento sean desconocidos, se ignore el lugar de la notificación o bien, intentada ésta, no se hubiese podido practicar, la notificación **se hará** por medio de un anuncio publicado en el «Boletín Oficial del Estado».

Asimismo, **previamente y con carácter facultativo**, las Administraciones podrán publicar un anuncio en el boletín oficial de la Comunidad Autónoma o de la Provincia, en el tablón de edictos del Ayuntamiento del último domicilio del interesado o del Consulado o Sección Consular de la Embajada correspondiente.

Las Administraciones Públicas podrán establecer otras formas de notificación **complementarias** a través de los restantes medios de difusión, que **no** excluirán la obligación de publicar el correspondiente anuncio en el «Boletín Oficial del Estado».

Artículo 45. Publicación

1. Los actos administrativos serán objeto de publicación cuando así lo establezcan las normas reguladoras de cada procedimiento o cuando lo aconsejen razones de interés público apreciadas por el órgano competente.

En todo caso, los actos administrativos serán objeto de publicación, surtiendo ésta los efectos de la notificación, en los siguientes casos:

a) Cuando el acto tenga por destinatario a una pluralidad indeterminada de personas o cuando la Administración estime que la notificación efectuada a un solo interesado es insuficiente para garantizar la notificación a todos, siendo, en este último caso, adicional a la individualmente realizada.

b) Cuando se trate de actos integrantes de un procedimiento selectivo o de concurrencia competitiva de cualquier tipo. En este caso, la convocatoria del procedimiento deberá indicar el medio donde se efectuarán las sucesivas publicaciones, careciendo de validez las que se lleven a cabo en lugares distintos.

2. La publicación de un acto **deberá contener los mismos elementos que el artículo 40.2** exige respecto de las notificaciones. Será también aplicable a la publicación lo establecido en el apartado 3 del mismo artículo.

En los supuestos de publicaciones de actos que contengan elementos comunes, podrán publicarse de forma conjunta los aspectos coincidentes, especificándose solamente los aspectos individuales de cada acto.

3. La publicación de los actos se realizará en el **diario oficial que corresponda,** según cual sea la Administración de la que proceda el acto a notificar.

4. Sin perjuicio de lo dispuesto en el artículo 44, la publicación de actos y comunicaciones que, por disposición legal o reglamentaria deba practicarse en tablón de anuncios o edictos, **se entenderá cumplida por su publicación en el Diario oficial correspondiente.**

Artículo 46. → Indicación de notificaciones y publicaciones

Si el órgano competente apreciase que **la notificación por medio de anuncios o la publicación de un acto lesiona derechos o intereses legítimos,** se limitará a publicar en el Diario oficial que corresponda una **somera indicación** del contenido del acto y del lugar donde los interesados podrán comparecer, en el plazo que se establezca, para conocimiento del contenido íntegro del mencionado acto y constancia de tal conocimiento.

Adicionalmente y de manera facultativa, las Administraciones podrán establecer otras formas de notificación complementarias a través de los restantes medios de difusión que no excluirán la obligación de publicar en el correspondiente Diario oficial.

CAPÍTULO III

Nulidad y anulabilidad

 **Artículo 47.**

Nulidad de pleno derecho

1. **Los actos** de las Administraciones Públicas **son nulos** de pleno derecho en los casos siguientes:

✗ a) Los que lesionen los **derechos y libertades susceptibles de amparo constitucional.**

Recuerda que los derechos y libertades susceptibles de amparo constitucional son los establecidos en los artículos 14, 15 a 29 y 30.2 de la Constitución.

✗ b) Los dictados por **órgano manifiestamente incompetente por razón de la materia o del territorio.**

OJO:
- Si se trata de incompetencia por razón de la materia o del territorio, el acto es nulo, a tenor de lo dispuesto en el artículo 47.1 de la ley.
- Si se trata de incompetencia jerárquica, el acto es anulable, a tenor de lo dispuesto en el artículo 52.3 de la ley.

*c) Los que tengan un **contenido imposible**.

*d) Los que sean **constitutivos de infracción penal o se dicten como consecuencia de ésta.**

*e) Los dictados **prescindiendo total y absolutamente del procedimiento legalmente establecido o de las normas que contienen las reglas esenciales para la formación de la voluntad de los órganos colegiados.**

*f) Los actos expresos o presuntos **contrarios al ordenamiento jurídico por los que se adquieren facultades o derechos cuando se carezca de los requisitos esenciales para su adquisición.**

Recuerda: los actos presuntos son aquellos que se obtienen como consecuencia del silencio administrativo.

*g) Cualquier **otro** que se establezca expresamente en una **disposición con rango de Ley.**

2. También serán ==nulas== de pleno derecho las ==disposiciones== administrativas que **vulneren la Constitución, las leyes u otras disposiciones administrativas de rango superior,** las que **regulen materias reservadas a la Ley,** y las que **establezcan la retroactividad de disposiciones sancionadoras no favorables o restrictivas de derechos individuales.**

Las disposiciones administrativas, por tanto, son nulas cuando vulneren:

- El principio de jerarquía.
- El principio de competencia.
- El principio de irretroactividad de las disposiciones sancionadoras no favorables o restrictivas de derechos individuales.

Artículo 48.
Anulabilidad

1. Son **anulables** los **actos de la Administración que incurran en cualquier infracción del ordenamiento jurídico, incluso la desviación de poder.**

2. No obstante, el **defecto de forma** sólo determinará la anulabilidad cuando el acto carezca de los requisitos formales indispensables para alcanzar su fin o dé lugar a la indefensión de los interesados.

> Por tanto, el defecto de forma o la realización de actuaciones administrativas fuera del tiempo establecido para ellas puede dar lugar a la anulabilidad o ser una mera irregularidad formal no invalidante.

3. La realización de **actuaciones administrativas fuera del tiempo** establecido para ellas sólo implicará la anulabilidad del acto cuando así lo imponga la naturaleza del término o plazo.

Artículo 49.

Límites a la extensión de la nulidad o anulabilidad de los actos

1. La nulidad o anulabilidad de un acto no implicará la de los sucesivos en el procedimiento que sean independientes del primero.

2. La nulidad o anulabilidad en parte del acto administrativo no implicará la de las partes del mismo independientes de aquélla, salvo que la parte viciada sea de tal importancia que sin ella el acto administrativo no hubiera sido dictado.

Artículo 50. Conversión de actos viciados

Los actos nulos o anulables que, sin embargo, contengan los elementos constitutivos de otro distinto producirán los efectos de éste.

Artículo 51.

Conservación de actos y trámites

El órgano que declare la nulidad o anule las actuaciones dispondrá siempre la conservación de aquellos actos y trámites cuyo contenido se hubiera mantenido igual de no haberse cometido la infracción.

Artículo 52.

Convalidación

OJO:
- El resto de las figuras previstas en este capítulo: se refieren a los actos nulos y anulables.
- Esta figura: se refiere únicamente a los actos anulables, ya que convalidar es subsanar y solo son subsanables los actos anulables.

1. La Administración podrá convalidar los actos anulables, subsanando los vicios de que adolezcan.

2. El acto de convalidación producirá efecto desde su fecha, salvo lo dispuesto en el artículo 39.3 para la retroactividad de los actos administrativos.

3. Si el **vicio consistiera en incompetencia no determinante de nulidad**, la convalidación podrá realizarse por el órgano competente cuando sea superior jerárquico del que dictó el acto viciado.

4. Si el **vicio consistiese en la falta de alguna autorización**, podrá ser convalidado el acto mediante el otorgamiento de la misma por el órgano competente.

NOTAS

_____

_____

_____

_____

_____

_____

_____

_____

_____

_____

_____

_____

_____

_____

_____

_____

TÍTULO IV

De las disposiciones sobre el procedimiento administrativo común

CAPÍTULO I

Garantías del procedimiento

Artículo 53. Derechos del interesado en el procedimiento administrativo

1. Además del resto de derechos previstos en esta Ley, los interesados en un procedimiento administrativo, tienen los siguientes derechos:

   a) A conocer, en cualquier momento, el estado de la tramitación de los procedimientos en los que tengan la condición de interesados; el sentido del silencio administrativo que corresponda, en caso de que la Administración no dicte ni notifique resolución expresa en plazo; el órgano competente para su instrucción, en su caso, y resolución; y los actos de trámite dictados. Asimismo, también tendrán derecho a acceder y a obtener copia de los documentos contenidos en los citados procedimientos.

   Quienes se relacionen con las Administraciones Públicas a través de medios electrónicos, tendrán derecho a consultar la información a la que se refiere el párrafo anterior, en el Punto de Acceso General electrónico de la Administración que funcionará como un portal de acceso. Se entenderá cumplida la obligación de la Administración de facilitar copias de los documentos contenidos en los procedimientos mediante la puesta a disposición de las mismas en el Punto de Acceso General electrónico de la Administración competente o en las sedes electrónicas que correspondan.

b) A **identificar a las autoridades y al personal** al servicio de las Administraciones Públicas bajo cuya responsabilidad se tramiten los procedimientos.

c) **A no presentar documentos originales** salvo que, de manera excepcional, la normativa reguladora aplicable establezca lo contrario. En caso de que, excepcionalmente, deban presentar un documento original, tendrán derecho a obtener una copia autenticada de éste.

d) A **no presentar datos y documentos no exigidos por las normas** aplicables al procedimiento de que se trate, **que ya se encuentren en poder de las Administraciones Públicas o que hayan sido elaborados por éstas.**

e) A **formular alegaciones, utilizar los medios de defensa admitidos por el Ordenamiento Jurídico,** y a **aportar documentos en cualquier fase del procedimiento anterior al trámite de audiencia,** que deberán ser tenidos en cuenta por el órgano competente al redactar la propuesta de resolución.

f) A obtener **información y orientación** acerca de los **requisitos jurídicos o técnicos** que las disposiciones vigentes impongan a los proyectos, actuaciones o solicitudes que se propongan realizar.

g) A **actuar asistidos de asesor** cuando lo consideren conveniente en defensa de sus intereses.

h) A **cumplir las obligaciones de pago** a través de los medios electrónicos previstos en el artículo 98.2.

i) Cualesquiera **otros** que les reconozcan la **Constitución y las leyes.**

2. Además de los derechos previstos en el apartado anterior, en el caso de procedimientos administrativos de naturaleza sancionadora, los presuntos responsables tendrán los siguientes derechos:

a) A **ser notificado** de los **hechos** que se le imputen, de las **infracciones** que tales hechos puedan constituir y de las **sanciones** que, en su caso, se les pudieran imponer, así como de la identidad del **instructor,** de la **autoridad competente para imponer la sanción** y de la norma que atribuya tal competencia.

b) A la **presunción de no existencia de responsabilidad administrativa mientras no se demuestre lo contrario.**

Sección 1.ª Disposiciones generales

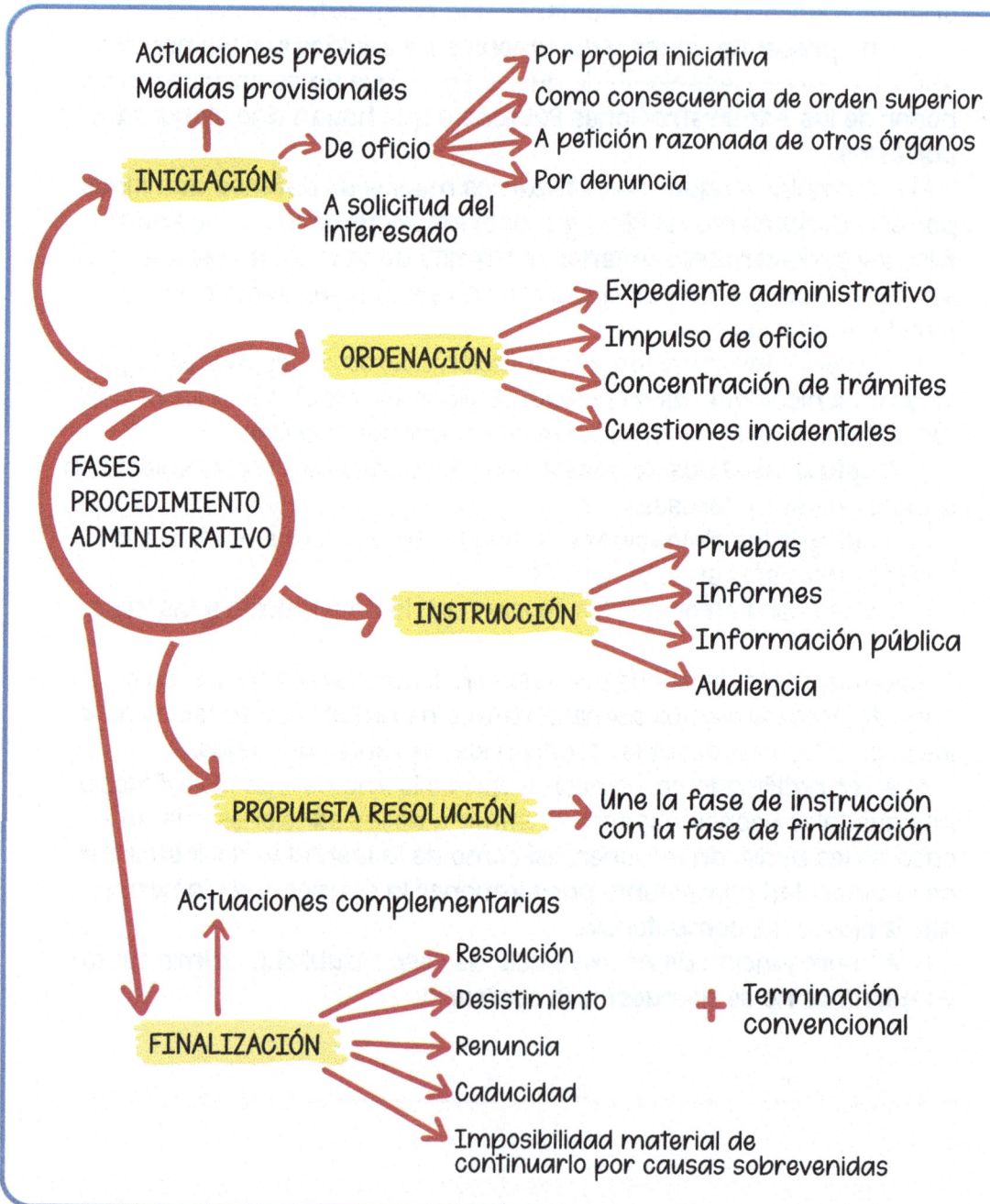

INICIACIÓN
- Actuaciones previas
- Medidas provisionales
- De oficio
  - Por propia iniciativa
  - Como consecuencia de orden superior
  - A petición razonada de otros órganos
  - Por denuncia
- A solicitud del interesado

FASES PROCEDIMIENTO ADMINISTRATIVO

ORDENACIÓN
- Expediente administrativo
- Impulso de oficio
- Concentración de trámites
- Cuestiones incidentales

INSTRUCCIÓN
- Pruebas
- Informes
- Información pública
- Audiencia

PROPUESTA RESOLUCIÓN → Une la fase de instrucción con la fase de finalización

FINALIZACIÓN
- Actuaciones complementarias
- Resolución
- Desistimiento
- Renuncia
- Caducidad
- Imposibilidad material de continuarlo por causas sobrevenidas

+ Terminación convencional

Artículo 54. Clases de iniciación

Los procedimientos podrán iniciarse
de oficio o a solicitud del interesado.

Artículo 55.
Información y actuaciones previas

> **1.** Con **anterioridad al inicio del procedimiento,** el órgano competente podrá abrir un período de información o actuaciones previas con el fin de conocer las circunstancias del caso concreto y la conveniencia o no de iniciar el procedimiento.

> **2.** En el caso de **procedimientos de naturaleza sancionadora** las actuaciones previas se orientarán a determinar, con la mayor precisión posible, los hechos susceptibles de motivar la incoación del procedimiento, la identificación de la persona o personas que pudieran resultar responsables y las circunstancias relevantes que concurran en unos y otros.

Las actuaciones previas serán realizadas por los órganos que tengan atribuidas funciones de investigación, averiguación e inspección en la materia y, en defecto de éstos, por la persona u órgano administrativo que se determine por el órgano competente para la iniciación o resolución del procedimiento.

Artículo 56. Medidas provisionales

• 1. **Iniciado el procedimiento,** el **órgano administrativo competente para resolver,** podrá adoptar, de oficio o a instancia de parte y de forma motivada, las medidas provisionales que estime oportunas para asegurar la eficacia de la resolución que pudiera recaer, si existiesen elementos de juicio suficientes para ello, de acuerdo con los principios de proporcionalidad, efectividad y menor onerosidad.

• 2. **Antes de la iniciación del procedimiento** administrativo, el **órgano competente para iniciar o instruir** el procedimiento, de oficio o a instancia de parte, en los casos de urgencia inaplazable y para la protección provisional de los intereses implicados, podrá adoptar de forma motivada las medidas provisionales que resulten necesarias y proporcionadas. Las medidas provisionales **deberán ser confirmadas, modificadas o levantadas en el acuerdo de iniciación** del procedimiento, que deberá efectuarse dentro de los ⏱ quince días siguientes a su adopción, el cual podrá ser objeto del recurso que proceda.

En todo caso, dichas medidas **quedarán sin efecto si no se inicia el procedimiento en dicho plazo o cuando el acuerdo de iniciación no contenga un pronunciamiento expreso acerca de las mismas.**

• 3. De acuerdo con lo previsto en los dos apartados anteriores, **podrán acordarse** las siguientes medidas provisionales, en los términos previstos en la Ley 1/2000, de 7 de enero, de Enjuiciamiento Civil:

a) Suspensión temporal de actividades.

b) Prestación de fianzas.

c) Retirada o intervención de bienes productivos o suspensión temporal de servicios por razones de sanidad, higiene o seguridad, el cierre temporal del establecimiento por estas u otras causas previstas en la normativa reguladora aplicable.

d) Embargo preventivo de bienes, rentas y cosas fungibles computables en metálico por aplicación de precios ciertos.

e) El depósito, retención o inmovilización de cosa mueble.

f) La intervención y depósito de ingresos obtenidos mediante una actividad que se considere ilícita y cuya prohibición o cesación se pretenda.

g) Consignación o constitución de depósito de las cantidades que se reclamen.

h) La retención de ingresos a cuenta que deban abonar las Administraciones Públicas.

i) Aquellas otras medidas que, para la protección de los derechos de los interesados, prevean expresamente las leyes, o que se estimen necesarias para asegurar la efectividad de la resolución.

• 4. **No se podrán adoptar** medidas provisionales que puedan causar perjuicio de difícil o imposible reparación a los interesados o que impliquen violación de derechos amparados por las leyes.

• 5. Las medidas provisionales **podrán ser alzadas o modificadas durante la tramitación del procedimiento,** de oficio o a instancia de parte, **en virtud de circunstancias sobrevenidas o que no pudieron ser tenidas en cuenta en el momento de su adopción.**

En todo caso, **se extinguirán cuando surta efectos la resolución administrativa que ponga fin al procedimiento correspondiente.**

Artículo 57. Acumulación

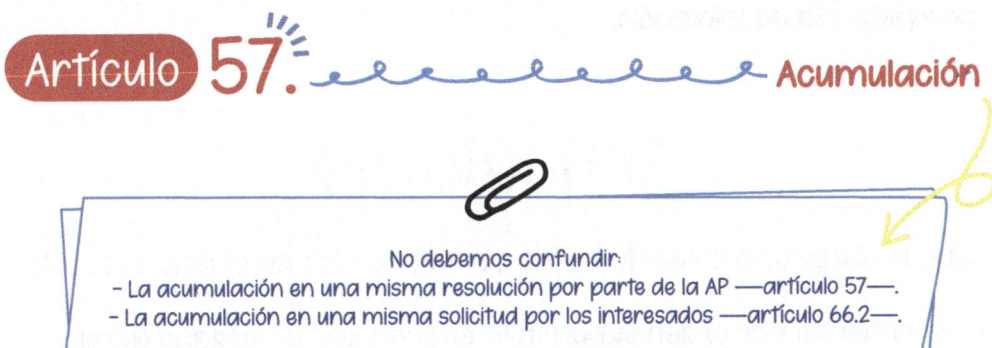

No debemos confundir:
– La acumulación en una misma resolución por parte de la AP —artículo 57—.
– La acumulación en una misma solicitud por los interesados —artículo 66.2—.

El órgano administrativo que inicie o tramite un procedimiento, cualquiera que haya sido la forma de su iniciación, podrá disponer, de oficio o a instancia de parte, su **acumulación** a otros con los que guarde **identidad sustancial o íntima conexión,** siempre que sea el mismo órgano quien deba tramitar y resolver el procedimiento.

Contra el acuerdo de acumulación **no procederá recurso** alguno.

Artículo 58. Iniciación de oficio

Los procedimientos se iniciarán de oficio por acuerdo del órgano competente, bien por propia iniciativa o como consecuencia de orden superior, a petición razonada de otros órganos o por denuncia.

Artículo 59. Inicio del procedimiento a propia iniciativa

Se entiende por propia iniciativa, la actuación derivada del conocimiento directo o indirecto de las circunstancias, conductas o hechos objeto del procedimiento por el **órgano que tiene atribuida la competencia de iniciación.**

Artículo 60.

Inicio del procedimiento como consecuencia de orden superior

1. Se entiende por orden superior, la emitida por un **órgano administrativo superior jerárquico del competente para la iniciación del procedimiento.**

2. En los **procedimientos de naturaleza sancionadora,** la orden expresará, en la medida de lo posible, la persona o personas presuntamente responsables; las conductas o hechos que pudieran constituir infracción administrativa y su tipificación; así como el lugar, la fecha, fechas o período de tiempo continuado en que los hechos se produjeron.

Artículo 61. Inicio del procedimiento por petición razonada de otros órganos

1. Se entiende por petición razonada, la propuesta de iniciación del procedimiento formulada por **cualquier órgano administrativo que no tiene competencia para iniciar el mismo** y que ha tenido conocimiento de las circunstancias, conductas o hechos objeto del procedimiento, bien ocasionalmente o bien por tener atribuidas funciones de inspección, averiguación o investigación.

2. La **petición no vincula** al órgano competente para iniciar el procedimiento, si bien deberá comunicar al órgano que la hubiera formulado los motivos por los que, en su caso, no procede la iniciación.

3. En los **procedimientos de naturaleza sancionadora,** las peticiones deberán especificar, en la medida de lo posible, la persona o personas presuntamente responsables; las conductas o hechos que pudieran constituir infracción administrativa y su tipificación; así como el lugar, la fecha, fechas o período de tiempo continuado en que los hechos se produjeron.

4. En los **procedimientos de responsabilidad patrimonial,** la petición deberá individualizar la lesión producida en una persona o grupo de personas, su relación de causalidad con el funcionamiento del servicio público, su evaluación económica si fuera posible, y el momento en que la lesión efectivamente se produjo.

Artículo 62.
Inicio del procedimiento por denuncia

1. Se entiende por denuncia, el acto por el que **cualquier persona,** en cumplimiento o no de una obligación legal, pone en conocimiento de un órgano administrativo la existencia de un determinado hecho que pudiera justificar la iniciación de oficio de un procedimiento administrativo.

★2. Las denuncias **deberán expresar** la identidad de la persona o personas que las presentan y el relato de los hechos que se ponenen conocimiento de la Administración. Cuando dichos hechos pudieran constituir una infracción administrativa, recogerán la fecha de su comisión y, cuando sea posible, la identificación de los presuntos responsables.

★3. Cuando la denuncia invocara un perjuicio en el patrimonio de las Administraciones Públicas la no iniciación del procedimiento deberá ser motivada y se notificará a los denunciantes la decisión de si se ha iniciado o no el procedimiento.

★4. Cuando el denunciante haya participado en la comisión de una infracción de esta natu- raleza y existan otros infractores, el órgano competente para resolver el procedimiento **deberá eximir** al **denunciante** del pago de la multa que le correspondería u otro tipo de sanción de carácter no pecuniario, cuan- do **sea el primero en aportar elementos de prueba que permitan iniciar el procedimiento o comprobar la infracción, siempre y cuan- do en el momento de aportarse aquellos no se disponga de elementos suficientes para ordenar la misma** y se repare el perjuicio causado.

Asimismo, el órgano competente para re- solver **deberá reducir** el importe del pago de la multa que le correspondería o, en su caso, la sanción de carácter no pecuniario, cuando no cumpliéndose alguna de las condiciones anteriores, el **denunciante facilite elementos de prueba que aporten un valor añadido significativo respecto de aquellos de los que se disponga.**

En ambos casos será necesario que el denunciante cese en la par- ticipación de la infracción y no haya destruido elementos de prueba relacionados con el objeto de la denuncia.

Es lo que se conoce como procedimiento de clemencia, que beneficia exclusivamente al infractor que denuncia en primer lugar:

- Este será eximido de la sanción pecuniaria si facilita elementos de prueba de los que no dispone la AP.

- Este verá reducido el importe de la sanción pecuniaria si facilita elementos de prueba que aporten un valor significativo respecto de aquellos de los ya dispone la AP.

✗5. La presentación de una denuncia no confiere, por sí sola, la condición de interesado en el procedimiento.

Es necesario diferenciar:
- Procedimiento iniciado de oficio por denuncia: no concede, automáticamente, la condición de interesado.
- Procedimiento iniciado a solicitud del interesado: concede, automáticamente, la condición de interesado.

Artículo 63.  Especialidades en el inicio de los procedimientos de naturaleza sancionadora

➤1. Los procedimientos de naturaleza sancionadora se iniciarán **siempre de oficio** por acuerdo del órgano competente y establecerán la **debida separación entre la fase instructora y la sancionadora, que se encomendará a órganos distintos.**

Se considerará que un órgano es competente para iniciar el procedimiento cuando así lo determinen las normas reguladoras del mismo.

➤2. En ningún caso se podrá imponer una sanción sin que se haya tramitado el oportuno procedimiento.

➤3. No se podrán iniciar nuevos procedimientos de carácter sancionador por hechos o conductas tipificadas como infracciones en cuya comisión el infractor persista de forma continuada, en tanto no haya recaído una primera resolución sancionadora, con carácter ejecutivo.

Artículo 64.

Acuerdo de iniciación en los procedimientos de naturaleza sancionadora

➤1. El **acuerdo de iniciación se comunicará** al instructor del procedimiento, con traslado de cuantas actuaciones existan al respecto, y **se notificará** a los interesados, entendiendo en todo caso por tal al inculpado.

Asimismo, la incoación **se comunicará** al denunciante cuando las normas reguladoras del procedimiento así lo prevean.

2. El acuerdo de iniciación **deberá contener** al menos:

a) Identificación de la persona o personas presuntamente responsables.

b) Los hechos que motivan la incoación del procedimiento, su posible calificación y las sanciones que pudieran corresponder, sin perjuicio de lo que resulte de la instrucción.

c) Identificación del instructor y, en su caso, Secretario del procedimiento, con expresa indicación del régimen de recusación de los mismos.

d) Órgano competente para la resolución del procedimiento y norma que le atribuya tal competencia, indicando la posibilidad de que el presunto responsable pueda reconocer voluntariamente su responsabilidad, con los efectos previstos en el artículo 85.

e) Medidas de carácter provisional que se hayan acordado por el órgano competente para iniciar el procedimiento sancionador, sin perjuicio de las que se puedan adoptar durante el mismo de conformidad con el artículo 56.

f) Indicación del derecho a formular alegaciones y a la audiencia en el procedimiento y de los plazos para su ejercicio, así como indicación de que, en caso de no efectuar alegaciones en el plazo previsto sobre el contenido del acuerdo de iniciación, éste podrá ser considerado propuesta de resolución cuando contenga un pronunciamiento preciso acerca de la responsabilidad imputada.

3. Excepcionalmente, cuando en el momento de dictar el acuerdo de iniciación no existan elementos suficientes para la calificación inicial de los hechos que motivan la incoación del procedimiento, la citada calificación podrá realizarse en una fase posterior mediante la elaboración de un Pliego de cargos, que deberá ser notificado a los interesados.

Artículo 65. Especialidades en el inicio de oficio de los procedimientos de responsabilidad patrimonial

Ten en cuenta que:

Los procedimientos de naturaleza sancionadora únicamente pueden iniciarse de oficio —artículo 63—.

Los procedimientos de responsabilidad patrimonial pueden iniciarse oficio —artículo 65— o a solicitud de los interesados —artículo 67—.

⌐1. Cuando las Administraciones Públicas decidan iniciar de **oficio** un ==procedimiento de responsabilidad patrimonial== será necesario que no haya prescrito el derecho a la reclamación del interesado al que se refiere el artículo 67.

⌐2. El acuerdo de iniciación del procedimiento se notificará a los particulares presuntamente lesionados, concediéndoles un plazo de ⏱ diez días para que aporten cuantas alegaciones, documentos o información estimen conveniente a su derecho y propongan cuantas pruebas sean pertinentes para el reconocimiento del mismo. El **procedimiento iniciado se instruirá aunque los particulares presuntamente lesionados no se personen en el plazo establecido.**

Sección 3.ª
Inicio del procedimiento a solicitud del interesado

Artículo 66.

Solicitudes de iniciación

☛1. Las **solicitudes** que se formulen **deberán contener:**

a) Nombre y apellidos del interesado y, en su caso, de la persona que lo represente.

b) Identificación del medio electrónico, o en su defecto, lugar físico en que desea que se practique la notificación. Adicionalmente, los interesados podrán aportar su dirección de correo electrónico y/o dispositivo electrónico con el fin de que las Administraciones Públicas les avisen del envío o puesta a disposición de la notificación.

c) Hechos, razones y petición en que se concrete, con toda claridad, la solicitud.

d) Lugar y fecha.

e) Firma del solicitante o acreditación de la autenticidad de su voluntad expresada por cualquier medio.

f) Órgano, centro o unidad administrativa a la que se dirige y su correspondiente código de identificación.

Las oficinas de asistencia en materia de registros estarán obligadas a facilitar a los interesados el código de identificación si el interesado lo desconoce. Asimismo, las Administraciones Públicas deberán mantener y actualizar en la sede electrónica correspondiente un listado con los códigos de identificación vigentes.

2. Cuando las pretensiones correspondientes a una pluralidad de personas tengan un **contenido y fundamento idéntico o sustancialmente similar,** podrán ser formuladas en una **única solicitud,** salvo que las normas reguladoras de los procedimientos específicos dispongan otra cosa.

3. De las solicitudes, comunicaciones y escritos que presenten los interesados electrónicamente o en las oficinas de asistencia en materia de registros de la Administración, podrán éstos exigir el correspondiente recibo que acredite la fecha y hora de presentación.

4. Las Administraciones Públicas deberán establecer modelos y sistemas de presentación masiva que permitan a los interesados presentar simultáneamente varias solicitudes. Estos modelos, de uso voluntario, estarán a disposición de los interesados en las correspondientes sedes electrónicas y en las oficinas de asistencia en materia de registros de las Administraciones Públicas.

Los solicitantes podrán acompañar los elementos que estimen convenientes para precisar o completar los datos del modelo, los cuales deberán ser admitidos y tenidos en cuenta por el órgano al que se dirijan.

5. Los sistemas normalizados de solicitud podrán incluir comprobaciones automáticas de la información aportada respecto de datos almacenados en sistemas propios o pertenecientes a otras Administraciones u ofrecer el formulario cumplimentado, en todo o en parte, con objeto de que el interesado verifique la información y, en su caso,

➤la modifique y complete.

6. **Cuando la Administración en un procedimiento concreto establez-**
ca expresamente modelos específicos de presentación de solicitudes,
éstos serán de uso obligatorio por los interesados.

Artículo 67. Solicitudes de iniciación
en los procedimientos de
responsabilidad patrimonial

✻1. Los **interesados sólo podrán solicitar** el inicio de un procedimiento de
responsabilidad patrimonial, **cuando no haya prescrito su derecho a**
reclamar. El derecho a reclamar **prescribirá** ⏱ **al año** de producido el
hecho o el acto que motive la indemnización o se manifieste su efecto
lesivo. En caso de daños de carácter físico o psíquico a las personas,
el plazo empezará a computarse desde la curación o la determinación
del alcance de las secuelas.

En los casos en que proceda reconocer derecho a indemnización
por anulación en vía administrativa o contencioso-administrativa
de un acto o disposición de carácter general, el derecho a reclamar
prescribirá al año de haberse notificado la resolución administrativa
o la sentencia definitiva.

En los casos de responsabilidad patrimonial a que se refiere el artículo 32, apartados 4 y 5, de la Ley de Régimen Jurídico del Sector Público, el derecho a reclamar prescribirá al año de la publicación en el
«Boletín Oficial del Estado» o en el «Diario Oficial de la Unión Europea»,
según el caso, de la sentencia que declare la inconstitucionalidad de la
norma o su carácter contrario al Derecho de la Unión Europea.

✻2. Además de lo previsto en el artículo 66, en la **solicitud** que realicen
los interesados **se deberán especificar** las lesiones producidas, la
presunta relación de causalidad entre éstas y el funcionamiento del
servicio público, la evaluación económica de la responsabilidad patrimonial, si fuera posible, y el momento en que la lesión efectivamente
se produjo, e irá acompañada de cuantas alegaciones, documentos e
informaciones se estimen oportunos y de la proposición de prueba,
concretando los medios de que pretenda valerse el reclamante.

Artículo 68. Subsanación y mejora de la solicitud

▶ 1. Si la solicitud de iniciación no reúne los requisitos que señala el artículo 66, y, en su caso, los que señala el artículo 67 u otros exigidos por la legislación específica aplicable, se requerirá al interesado para que, en un plazo de 🕐 **diez días**, **subsane** la falta o acompañe los documentos preceptivos, con indicación de que, **si así no lo hiciera, se le tendrá por desistido de su petición**, previa resolución que deberá ser dictada en los términos previstos en el artículo 21.

▶ 2. Siempre que **no se trate de procedimientos selectivos o de concurrencia competitiva**, este plazo podrá ser **ampliado prudencialmente**, hasta 🕐 **cinco días**, a petición del interesado o a iniciativa del órgano, cuando la aportación de los documentos requeridos presente dificultades especiales.

▶ 3. En los procedimientos iniciados a solicitud de los interesados, el órgano competente podrá recabar del solicitante la **modificación o mejora voluntarias** de los términos de aquélla. De ello se levantará acta sucinta, que se incorporará al procedimiento.

▶ 4. Si alguno de los sujetos a los que hace referencia el artículo 14.2 y 14.3 presenta su solicitud presencialmente, las Administraciones Públicas requerirán al interesado para que la **subsane** a través de su presentación electrónica. A estos efectos, **se considerará como fecha de presentación de la solicitud aquella en la que haya sido realizada la subsanación.**

✖ N O T A S ✖

Artículo 69.

Declaración responsable y comunicación

¡La declaración responsable y la comunicación tienen por objetivo reducir las cargas para el interesado y agilizar la tramitación de los procedimientos administrativos!

1. A los efectos de esta Ley, se entenderá por **declaración responsable** el documento suscrito por un interesado en el que éste manifiesta, bajo su responsabilidad, que cumple con los requisitos establecidos en la normativa vigente para obtener el reconocimiento de un derecho o facultad o para su ejercicio, que dispone de la documentación que así lo acredita, que la pondrá a disposición de la Administración cuando le sea requerida, y que se compromete a mantener el cumplimiento de las anteriores obligaciones durante el período de tiempo inherente a dicho reconocimiento o ejercicio.

   Los requisitos a los que se refiere el párrafo anterior deberán estar recogidos de manera expresa, clara y precisa en la correspondiente declaración responsable. Las Administraciones podrán requerir en cualquier momento que se aporte la documentación que acredite el cumplimiento de los mencionados requisitos y el interesado deberá aportarla.

2. A los efectos de esta Ley, se entenderá por comunicación aquel documento mediante el que los interesados ponen en conocimiento de la Administración Pública competente sus datos identificativos o cualquier otro dato relevante para el inicio de una actividad o el ejercicio de un derecho.

3. Las **declaraciones responsables y las comunicaciones permitirán, el reconocimiento o ejercicio de un derecho o bien el inicio de una actividad, desde el** ⏱ día de su presentación, sin perjuicio de las facultades de comprobación, control e inspección que tengan atribuidas las Administraciones Públicas.

   No obstante lo dispuesto en el párrafo anterior, **la comunicación podrá presentarse dentro de un plazo posterior al inicio de la actividad** cuando la legislación correspondiente lo prevea expresamente.

4 La **inexactitud, falsedad u omisión**, de carácter esencial, de cualquier dato o información que se incorpore a una declaración responsable o a una comunicación, o la no presentación ante la Administración competente de la declaración responsable, la documentación que sea en su caso requerida para acreditar el cumplimiento de lo declarado, o la comunicación, **determinará** la imposibilidad de continuar con el ejercicio del derecho o actividad afectada desde el momento en que se tenga constancia de tales hechos, sin perjuicio de las responsabilidades penales, civiles o administrativas a que hubiera lugar.

Asimismo, la resolución de la Administración Pública que declare tales circunstancias **podrá determinar** la obligación del interesado de restituir la situación jurídica al momento previo al reconocimiento o al ejercicio del derecho o al inicio de la actividad correspondiente, así como la imposibilidad de instar un nuevo procedimiento con el mismo objeto durante un período de tiempo determinado por la ley, todo ello conforme a los términos establecidos en las normas sectoriales de aplicación.

5 Las Administraciones Públicas tendrán permanentemente publicados y actualizados modelos de declaración responsable y de comunicación, fácilmente accesibles a los interesados.

6 Únicamente será exigible, bien una declaración responsable, bien una comunicación para iniciar una misma actividad u obtener el reconocimiento de un mismo derecho o facultad para su ejercicio, sin que sea posible la exigencia de ambas acumulativamente.

N O T A S

Capítulo III

Ordenación del procedimiento

Artículo 70. Expediente Administrativo

- 1. Se entiende por <mark>expediente administrativo</mark> el conjunto ordenado de documentos y actuaciones que sirven de antecedente y fundamento a la resolución administrativa, así como las diligencias encaminadas a ejecutarla.

- 2. Los expedientes tendrán **formato electrónico** y **se formarán mediante** la agregación ordenada de cuantos documentos, pruebas, dictámenes, informes, acuerdos, notificaciones y demás diligencias deban integrarlos, así como un índice numerado de todos los documentos que contenga cuando se remita. Asimismo, deberá constar en el expediente copia electrónica certificada de la resolución adoptada.

- 3. Cuando en virtud de una norma sea preciso remitir el expediente electrónico, se hará de acuerdo con lo previsto en el **Esquema Nacional de Interoperabilidad** y en las correspondientes **Normas Técnicas de Interoperabilidad,** y se enviará completo, foliado, autentificado y acompañado de un índice, asimismo autentificado, de los documentos que contenga. La autenticación del citado índice garantizará la integridad e inmutabilidad del expediente electrónico generado desde el momento de su firma y permitirá su recuperación siempre que sea preciso, siendo admisible que un mismo documento forme parte de distintos expedientes electrónicos.

- 4. **No formará parte del expediente administrativo** la información que tenga carácter auxiliar o de apoyo, como la contenida en aplicaciones, ficheros y bases de datos informáticas, notas, borradores, opiniones, resúmenes, comunicaciones e informes internos o entre órganos o entidades administrativas, así como los juicios de valor emitidos por las Administraciones Públicas, salvo que se trate de informes, preceptivos y facultativos, solicitados antes de la resolución administrativa que ponga fin al procedimiento.

Artículo 71. Impulso

1. El procedimiento, sometido al **principio de celeridad,** se impulsará de oficio en todos sus trámites y a través de medios electrónicos, respetando los **principios de transparencia y publicidad.**

2. En el despacho de los expedientes se guardará el **orden riguroso de incoación en asuntos de homogénea naturaleza,** salvo que por el titular de la unidad administrativa se dé orden motivada en contrario, de la que quede constancia.

   El incumplimiento de lo dispuesto en el párrafo anterior dará lugar a la exigencia de responsabilidad disciplinaria del infractor y, en su caso, será causa de remoción del puesto de trabajo.

3. Las personas designadas como órgano instructor o, en su caso, los titulares de las unidades administrativas que tengan atribuida tal función serán responsables directos de la tramitación del procedimiento y, en especial, del cumplimiento de los plazos establecidos.

Artículo 72. Concentración de trámites

1. De acuerdo con el **principio de simplificación administrativa,** se acordarán en un solo acto todos los trámites que, por su naturaleza, admitan un impulso simultáneo y no sea obligado su cumplimiento sucesivo.

2. Al solicitar los trámites que deban ser cumplidos por otros órganos, deberá consignarse en la comunicación cursada el plazo legal establecido al efecto.

Artículo 73.

Cumplimiento de trámites

• 1. Los trámites que deban ser cumplimentados por los interesados deberán realizarse en el plazo de ⏱ **diez días** a partir del siguiente al de la notificación del correspondiente acto, salvo en el caso de que en la norma correspondiente se fije plazo distinto.

> ¡Hace referencia al plazo de cumplimiento de los trámites!

• 2. En cualquier momento del procedimiento, cuando la Administración considere que alguno de los actos de los interesados no reúne los requisitos necesarios, lo pondrá en conocimiento de su autor, concediéndole un plazo de ⏱ **diez días** para cumplimentarlo.

> ¡Hace referencia al plazo de subsanación de los trámites!

• 3. A los interesados que no cumplan lo dispuesto en los apartados anteriores, **se les podrá declarar decaídos en su derecho al trámite correspondiente.** No obstante, **se admitirá la actuación del interesado y producirá sus efectos legales, si se produjera** ⏱ **antes o dentro del día** que se notifique la resolución en la que se tenga por transcurrido el plazo.

Artículo 74. Cuestiones incidentales

Las cuestiones incidentales que se susciten en el procedimiento, incluso las que se refieran a la nulidad de actuaciones, no suspenderán la tramitación del mismo, salvo la recusación.

CAPÍTULO IV

Instrucción del procedimiento

Artículo 75. Actos de instrucción

⌐1. Los **actos de instrucción** necesarios para la determinación, conocimiento y comprobación de los hechos en virtud de los cuales deba pronunciarse la resolución, **se realizarán de oficio y a través de medios electrónicos,** por el órgano que tramite el procedimiento, sin perjuicio del derecho de los interesados a proponer aquellas actuaciones que requieran su intervención o constituyan trámites legal o reglamentariamente establecidos.

⌐2. Las aplicaciones y sistemas de información utilizados para la instrucción de los procedimientos deberán garantizar el control de los tiempos y plazos, la identificación de los órganos responsables y la tramitación ordenada de los expedientes, así como facilitar la simplificación y la publicidad de los procedimientos.

⌐3. Los actos de instrucción que requieran la intervención de los interesados **habrán de practicarse en la forma que resulte más conveniente para ellos y sea compatible, en la medida de lo posible, con sus obligaciones laborales o profesionales.**

⌐4. En cualquier caso, el órgano instructor adoptará las medidas necesarias para lograr el pleno respeto a los **principios de contradicción y de igualdad** de los interesados en el procedimiento.

Artículo 76. Alegaciones

1. Los interesados podrán, **en cualquier momento del procedimiento anterior al trámite de audiencia,** aducir <mark>alegaciones y aportar documentos u otros elementos de juicio.</mark>

Unos y otros serán tenidos en cuenta por el órgano competente al redactar la correspondiente propuesta de resolución.

2. **En todo momento** podrán los interesados alegar los <mark>defectos de tramitación</mark> y, en especial, los que supongan paralización, infracción de los plazos preceptivamente señalados o la omisión de trámites que pueden ser subsanados antes de la resolución definitiva del asunto. Dichas alegaciones podrán dar lugar, si hubiere razones para ello, a la exigencia de la correspondiente responsabilidad disciplinaria.

Sección 2.ª Prueba

Artículo 77.   Medios y período de prueba

1. Los hechos relevantes para la decisión de un procedimiento podrán acreditarse por **cualquier medio de prueba admisible en Derecho,** cuya valoración se realizará de acuerdo con los criterios establecidos en la Ley 1/2000, de 7 de enero, de Enjuiciamiento Civil.

2. **Cuando la Administración no tenga por ciertos los hechos alegados por los interesados o la naturaleza del procedimiento lo exija,** el instructor del mismo acordará la apertura de un **período de prueba** por un plazo **no superior a** ⏱ treinta días **ni inferior a** ⏱ diez, a fin de que puedan practicarse cuantas juzgue pertinentes. Asimismo, cuando lo considere necesario, el instructor, **a petición de los interesados,** podrá decidir la apertura de un **período extraordinario de prueba** por un plazo **no superior a** ⏱ diez días.

➤ 3. El instructor del procedimiento sólo podrá rechazar las pruebas propuestas por los interesados cuando sean manifiestamente improcedentes o innecesarias, mediante resolución motivada.

➤ 3 bis. Cuando el interesado alegue discriminación y aporte indicios fundados sobre su existencia, corresponderá a la **persona a quien se impute la situación discriminatoria** la aportación de una justificación objetiva y razonable, suficientemente probada, de las medidas adoptadas y de su proporcionalidad.

A los efectos de lo dispuesto en el párrafo anterior, el órgano administrativo podrá recabar informe de los organismos públicos competentes en materia de igualdad.

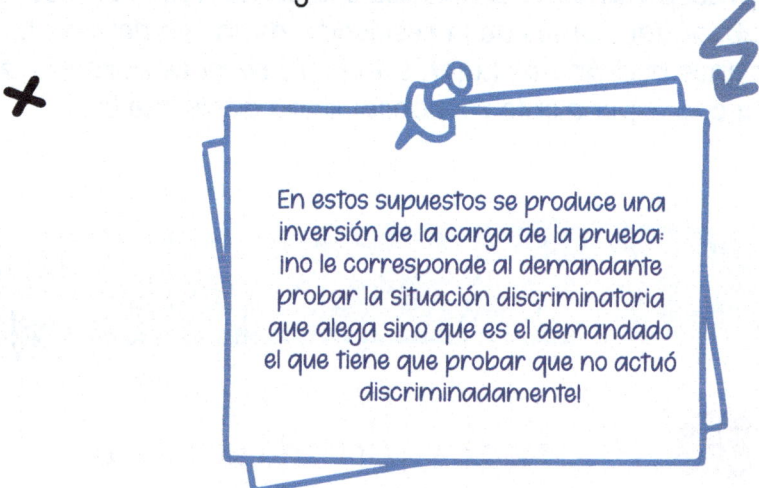

En estos supuestos se produce una inversión de la carga de la prueba: ¡no le corresponde al demandante probar la situación discriminatoria que alega sino que es el demandado el que tiene que probar que no actuó discriminadamente!

➤ 4. **En los procedimientos de carácter sancionador, los hechos declarados probados por resoluciones judiciales penales firmes vincularán a las Administraciones Públicas respecto de los procedimientos sancionadores que substancien.**

➤ 5. Los documentos formalizados por los funcionarios a los que se reconoce la condición de autoridad y en los que, observándose los requisitos legales correspondientes se recojan los hechos constatados por aquéllos harán prueba de éstos salvo que se acredite lo contrario.

➤ 6. **Cuando la prueba consista en la emisión de un informe** de un órgano administrativo, organismo público o Entidad de derecho público, **se entenderá que éste tiene carácter preceptivo.**

7. Cuando la valoración de las pruebas practicadas pueda constituir el fundamento básico de la decisión que se adopte en el procedimiento, por ser pieza imprescindible para la correcta evaluación de los hechos, deberá incluirse en la propuesta de resolución.

Artículo 78.

Práctica de prueba

1. La Administración comunicará a los interesados, **con antelación suficiente,** el inicio de las actuaciones necesarias para la realización de las pruebas que hayan sido admitidas.

2. En la notificación **se consignará** el lugar, fecha y hora en que se practicará la prueba, con la advertencia, en su caso, de que el interesado puede nombrar técnicos para que le asistan.

3. En los casos en que, a petición del interesado, deban efectuarse pruebas cuya realización implique gastos que no deba soportar la Administración, ésta podrá exigir el anticipo de los mismos, a reserva de la liquidación definitiva, una vez practicada la prueba. La liquidación de los gastos se practicará uniendo los comprobantes que acrediten la realidad y cuantía de los mismos.

N O T A S

Sección 3.ª Informes

Artículo 79. — Petición

1. A efectos de la resolución del procedimiento, se solicitarán aquellos informes que sean preceptivos por las disposiciones legales, y los que se juzguen necesarios para resolver, citándose el precepto que los exija o fundamentando, en su caso, la conveniencia de reclamarlos.

2. En la petición de informe se concretará el extremo o extremos acerca de los que se solicita.

Artículo 80. Emisión de informes

1. Salvo disposición expresa en contrario, los informes serán **facultativos y no vinculantes.**

2. Los informes serán emitidos a través de **medios electrónicos** y de acuerdo con los requisitos que señala el artículo 26 en el plazo de **diez días,** salvo que una disposición o el cumplimiento del resto de los plazos del procedimiento permita o exija otro plazo mayor o menor.

3. De no emitirse el informe en el plazo señalado, y sin perjuicio de la responsabilidad en que incurra el responsable de la demora, se podrán proseguir las actuaciones salvo cuando se trate de un informe preceptivo, en cuyo caso se podrá suspender el transcurso del plazo máximo legal para resolver el procedimiento en los términos establecidos en la letra d) del apartado 1 del artículo 22.

4. Si el informe debiera ser emitido por una Administración Pública distinta de la que tramita el procedimiento en orden a expresar el punto de vista correspondiente a sus competencias respectivas, y transcurriera el plazo sin que aquél se hubiera emitido, se podrán proseguir las actuaciones.

   El informe emitido fuera de plazo podrá no ser tenido en cuenta al adoptar la correspondiente resolución.

Artículo 81. Solicitud de informes y dictámenes en los procedimientos de responsabilidad patrimonial

1. En el caso de los **procedimientos de responsabilidad patrimonial** será preceptivo solicitar **informe al servicio cuyo funcionamiento haya ocasionado la presunta lesión indemnizable, no pudiendo exceder de** ⏱ **diez días** el plazo de su emisión.

2. Cuando las indemnizaciones reclamadas sean de **cuantía igual o superior a 50.000 euros** o a la que se establezca en la correspondiente legislación autonómica, así como en aquellos casos que disponga la Ley Orgánica 3/1980, de 22 de abril, del Consejo de Estado, será preceptivo solicitar **dictamen del Consejo de Estado o, en su caso, del órgano consultivo de la Comunidad Autónoma.**

A estos efectos, el órgano instructor, en el plazo de ⏱ **diez días** a contar desde la finalización del trámite de audiencia, remitirá al órgano competente para solicitar el dictamen una propuesta de resolución, que se ajustará a lo previsto en el artículo 91, o, en su caso, la propuesta de acuerdo por el que se podría terminar convencionalmente el procedimiento.

El dictamen se emitirá en el plazo de ⏱ **dos meses** y deberá pronunciarse sobre la existencia o no de relación de causalidad entre el funcionamiento del servicio público y la lesión producida y, en su caso, sobre la valoración del daño causado y la cuantía y modo de la indemnización de acuerdo con los criterios establecidos en esta Ley.

3. En el caso de reclamaciones en materia de responsabilidad patrimonial del Estado por el **funcionamiento anormal de la Administración de Justicia,** será preceptivo el **informe del Consejo General del Poder Judicial** que será evacuado en el plazo máximo de ⏱ **dos meses.** El plazo para dictar resolución quedará suspendido por el tiempo que medie entre la solicitud del informe y su recepción, no pudiendo exceder dicho plazo de los citados ⏱ **dos meses.**

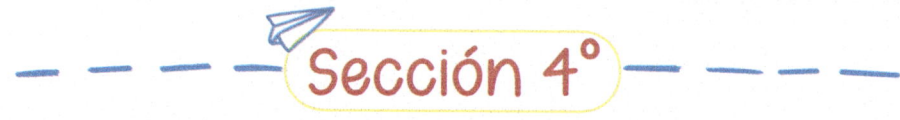

Sección 4º

Participación de los interesados

Artículo 82. Trámite de audiencia

×1. Instruidos los procedimientos, e inmediatamente antes de redactar la propuesta de resolución, se pondrán de manifiesto a los interesados o, en su caso, a sus representantes, para lo que se tendrán en cuenta las limitaciones previstas en su caso en la Ley 19/2013, de 9 de diciembre.

La audiencia a los interesados será anterior a la solicitud del informe del órgano competente para el asesoramiento jurídico o a la solicitud del Dictamen del Consejo de Estado u órgano consultivo equivalente de la Comunidad Autónoma, en el caso que éstos formaran parte del procedimiento.

×2. Los interesados, en un plazo **no inferior a** ⏱ diez días **ni superior a** ⏱ quince, podrán alegar y presentar los documentos y justificaciones que estimen pertinentes.

×3. Si antes del vencimiento del plazo los interesados manifiestan su decisión de no efectuar alegaciones ni aportar nuevos documentos o justificaciones, se tendrá por realizado el trámite.

×4. **Se podrá prescindir del trámite de audiencia** cuando no figuren en el procedimiento ni sean tenidos en cuenta en la resolución otros hechos ni otras alegaciones y pruebas que las aducidas por el interesado. El informe emitido fuera de plazo podrá no ser tenido en cuenta al adoptar la correspondiente resolución.

✗5. En los procedimientos de responsabilidad patrimonial a los que se refiere el artículo 32.9 de la Ley de Régimen Jurídico del Sector Público, será necesario en todo caso dar **audiencia al contratista,** notificándole cuantas actuaciones se realicen en el procedimiento, al efecto de que se persone en el mismo, exponga lo que a su derecho convenga y proponga cuantos medios de prueba estime necesarios.

Artículo 83. Información pública

▷ 1. El **órgano al que corresponda la resolución del procedimiento,** cuando la naturaleza de éste lo requiera, podrá acordar un período de ==información pública.==

▷ 2. A tal efecto, se publicará un **anuncio en el Diario oficial** correspondiente a fin de que cualquier persona física o jurídica pueda examinar el expediente, o la parte del mismo que se acuerde.

El anuncio señalará el lugar de exhibición, debiendo estar en todo caso a disposición de las personas que lo soliciten a través de medios electrónicos en la sede electrónica correspondiente, y determinará el plazo para formular alegaciones, que **en ningún caso podrá ser inferior a** ⏱ veinte días.

▷ 3. La **incomparecencia en este trámite no impedirá a los interesados interponer los recursos procedentes contra la resolución definitiva del procedimiento.**

La **comparecencia en el trámite de información pública no otorga, por sí misma, la condición de interesado.** No obstante, quienes presenten alegaciones u observaciones en este trámite tienen derecho a obtener de la Administración una respuesta razonada, que podrá ser común para todas aquellas alegaciones que planteen cuestiones sustancialmente iguales.

▷ 4. Conforme a lo dispuesto en las leyes, las Administraciones Públicas podrán establecer otras formas, medios y cauces de participación de las personas, directamente o a través de las organizaciones y asociaciones reconocidas por la ley en el procedimiento en el que se dictan los actos administrativos.

Capítulo V

Finalización del procedimiento

Sección 1.ª Disposiciones generales

Artículo 84. Terminación

1. Pondrán fin al procedimiento la resolución, el desistimiento, la renuncia al derecho en que se funde la solicitud, cuando tal renuncia no esté prohibida por el ordenamiento jurídico, y la declaración de caducidad.

2. También producirá la terminación del procedimiento la imposibilidad material de continuarlo por causas sobrevenidas. La resolución que se dicte deberá ser motivada en todo caso.

Artículo 85. Terminación en los procedimientos sancionadores

1. Iniciado un procedimiento sancionador, si el infractor reconoce su responsabilidad, se podrá resolver el procedimiento con la imposición de la sanción que proceda.

2. Cuando la sanción tenga únicamente carácter pecuniario o bien quepa imponer una sanción pecuniaria y otra de carácter no pecuniario pero se ha justificado la improcedencia de la segunda, el pago voluntario por el presunto responsable, en cualquier momento anterior a la resolución, implicará la terminación del procedimiento, salvo en lo relativo a la reposición de la situación alterada o a la determinación de la indemnización por los daños y perjuicios causados por la comisión de la infracción.

3. En ambos casos, cuando la sanción tenga únicamente carácter pecuniario, el órgano competente para resolver el procedimiento aplicará reducciones de, al menos, el 20 % sobre el importe de la sanción propuesta, siendo éstos acumulables entre sí. Las citadas reducciones, deberán estar determinadas en la notificación de iniciación del procedimiento y su efectividad estará condicionada

al desistimiento o renuncia de cualquier acción o recurso en vía administrativa contra la sanción.

El **porcentaje de reducción** previsto en este apartado podrá ser **incrementado reglamentariamente.**

Artículo 86. Terminación convencional

▷1. Las Administraciones Públicas podrán celebrar ==acuerdos, pactos, convenios o contratos== con personas tanto de Derecho público como privado, siempre que no sean contrarios al ordenamiento jurídico ni versen sobre materias no susceptibles de transacción y tengan por objeto satisfacer el interés público que tienen encomendado, con el alcance, efectos y régimen jurídico específico que, en su caso, prevea la disposición que lo regule, **pudiendo tales actos tener la consideración de finalizadores de los procedimientos administrativos o insertarse en los mismos con carácter previo, vinculante o no, a la resolución que les ponga fin.**

▷2. Los citados instrumentos deberán establecer como contenido mínimo la identificación de las partes intervinientes, el ámbito personal, funcional y territorial, y el plazo de vigencia, debiendo publicarse o no según su naturaleza y las personas a las que estuvieran destinados.

▷3. Requerirán en todo caso la aprobación expresa del Consejo de Ministros u órgano equivalente de las Comunidades Autónomas, los acuerdos que versen sobre materias de la competencia directa de dicho órgano.

▷4. Los acuerdos que se suscriban no supondrán alteración de las competencias atribuidas a los órganos administrativos, ni de las responsabilidades que correspondan a las autoridades y funcionarios, relativas al funcionamiento de los servicios públicos.

▷5. En los casos de **procedimientos de responsabilidad patrimonial,** el acuerdo alcanzado entre las partes deberá fijar la cuantía y modo de indemnización de acuerdo con los criterios que para calcularla y abonarla establece el artículo 34 de la Ley de Régimen Jurídico del Sector Público.

Sección 2.ª Resolución

Artículo 87. Actuaciones complementarias

• 1. **Antes de dictar resolución**, el órgano competente para resolver podrá decidir, mediante acuerdo motivado, la realización de las actuaciones complementarias indispensables para resolver el procedimiento. No tendrán la consideración de actuaciones complementarias los informes que preceden inmediatamente a la resolución final del procedimiento.

El acuerdo de realización de actuaciones complementarias se notificará a los **interesados**, concediéndoseles un plazo de ⏱ **siete días** para formular las **alegaciones** que tengan por pertinentes tras la finalización de las mismas. Las **actuaciones complementarias deberán practicarse** en un plazo no superior a ⏱ **quince días**. El plazo para resolver el procedimiento quedará suspendido hasta la terminación de las actuaciones complementarias.

Artículo 88. Contenido

1. La **resolución** que ponga fin al procedimiento decidirá **todas las cuestiones planteadas por los interesados y aquellas otras derivadas del mismo.**

Cuando se trate de **cuestiones conexas** que no hubieran sido planteadas por los interesados, el órgano competente podrá pronunciarse sobre las mismas, poniéndolo antes de manifiesto a aquéllos por **un plazo no superior a** ⏱ **quince días**, para que formulen las **alegaciones** que estimen pertinentes y aporten, en su caso, los medios de prueba.

2. **En los procedimientos tramitados a solicitud del interesado, la resolución será congruente con las peticiones formuladas por éste, sin que en ningún caso pueda agravar su situación inicial y sin perjuicio de la potestad de la Administración de incoar de oficio un nuevo procedimiento, si procede.**

3. Las resoluciones **contendrán** la decisión, que será motivada en los casos a que se refiere el artículo 35. Expresarán, además, los recursos que contra la misma procedan, órgano administrativo o judicial ante el que hubieran de presentarse y plazo para interponerlos, sin perjuicio de que los interesados puedan ejercitar cualquier otro que estimen oportuno.

4. Sin perjuicio de la forma y lugar señalados por el interesado para la práctica de las notificaciones, la resolución del procedimiento se dictará electrónicamente y garantizará la identidad del órgano competente, así como la autenticidad e integridad del documento que se formalice mediante el empleo de alguno de los instrumentos previstos en esta Ley.

5. **En ningún caso podrá la Administración abstenerse de resolver so pretexto de silencio, oscuridad o insuficiencia de los preceptos legales** aplicables al caso, aunque podrá acordarse la inadmisión de las solicitudes de reconocimiento de derechos no previstos en el ordenamiento jurídico o manifiestamente carentes de fundamento, sin perjuicio del derecho de petición previsto por el artículo 29 de la Constitución.

6. La aceptación de informes o dictámenes servirá de motivación a la resolución cuando se incorporen al texto de la misma.

7. **Cuando la competencia para instruir y resolver un procedimiento no recaiga en un mismo órgano, será necesario que el instructor eleve al órgano competente para resolver una propuesta de resolución.**
En los procedimientos de carácter sancionador, la propuesta de resolución deberá ser notificada a los interesados en los términos previstos en el artículo siguiente.

N O T A S

Artículo 89.

1. El órgano instructor resolverá la finalización del procedimiento, con archivo de las actuaciones, **sin que sea necesaria la formulación de la propuesta de resolución,** cuando en la instrucción procedimiento se ponga de manifiesto que concurre alguna de las siguientes circunstancias:

a) La inexistencia de los hechos que pudieran constituir la infracción.

b) Cuando los hechos no resulten acreditados.

c) Cuando los hechos probados no constituyan, de modo manifiesto, infracción administrativa.

d) Cuando no exista o no se haya podido identificar a la persona o personas responsables o bien aparezcan exentos de responsabilidad.

e) Cuando se concluyera, en cualquier momento, que ha prescrito la infracción.

2. En el caso de procedimientos de carácter sancionador, una vez concluida la instrucción del procedimiento, el órgano instructor formulará una **propuesta de resolución** que deberá ser notificada a los interesados. La propuesta de resolución deberá indicar la puesta de manifiesto del procedimiento y el plazo para formular alegaciones y presentar los documentos e informaciones que se estimen pertinentes.

3. En la **propuesta de resolución se fijarán** de forma motivada los hechos que se consideren probados y su exacta calificación jurídica, se determinará la infracción que, en su caso, aquéllos constituyan, la persona o personas responsables y la sanción que se proponga, la valoración de las pruebas practicadas, en especial aquellas que constituyan los fundamentos básicos de la decisión, así como las medidas provisionales que, en su caso, se hubieran adoptado. Cuando la instrucción concluya la inexistencia de infracción o responsabilidad y no se haga uso de la facultad prevista en el apartado primero, la propuesta declarará esa circunstancia.

Artículo

Especialidades de la resolución en los ==procedimientos sancionadores==

▶ **1.** En el caso de procedimientos de carácter sancionador, además del contenido previsto en los dos artículos anteriores, la **resolución incluirá** la valoración de las pruebas practicadas, en especial aquellas que constituyan los fundamentos básicos de la decisión, fijarán los hechos y, en su caso, la persona o personas responsables, la infracción o infracciones cometidas y la sanción o sanciones que se imponen, o bien la declaración de no existencia de infracción o responsabilidad.

▶ **2. En la resolución no se podrán aceptar hechos distintos de los determinados en el curso del procedimiento, con independencia de su diferente valoración jurídica.** No obstante, cuando el órgano competente para resolver considere que la infracción o la sanción revisten mayor gravedad que la determinada en la propuesta de resolución, se notificará al inculpado para que aporte cuantas alegaciones estime convenientes en el plazo de ⏱ quince días.

▶ **3. La resolución** que ponga fin al procedimiento será ==ejecutiva== cuando **no quepa contra ella ningún recurso ordinario en vía administrativa,** pudiendo adoptarse en la misma las disposiciones cautelares precisas para garantizar su eficacia en tanto no sea ejecutiva y que podrán consistir en el mantenimiento de las medidas provisionales que en su caso se hubieran adoptado.

Cuando la resolución sea ejecutiva, se podrá ==suspender cautelarmente,== si el interesado manifiesta a la Administración su intención de interponer recurso contencioso-administrativo contra la resolución firme en vía administrativa. Dicha **suspensión cautelar finalizará** cuando:

a) Haya transcurrido el plazo legalmente previsto sin que el interesado haya interpuesto recurso contencioso-administrativo.

b) Habiendo el interesado interpuesto recurso contencioso-administrativo:

1.º No se haya solicitado en el mismo trámite la suspensión cautelar de la resolución impugnada.

2.º El órgano judicial se pronuncie sobre la suspensión cautelar solicitada, en los términos previstos en ella.

 **4.** Cuando las conductas sancionadas hubieran causado daños o perjuicios a las Administraciones y la cuantía destinada a indemnizar estos daños no hubiera quedado determinada en el expediente, se fijará mediante un **procedimiento complementario,** cuya resolución será inmediatamente ejecutiva. Este procedimiento será susceptible de terminación convencional, pero ni ésta ni la aceptación por el infractor de la resolución que pudiera recaer implicarán el reconocimiento voluntario de su responsabilidad. La resolución del procedimiento pondrá fin a la vía administrativa.

Los daños y perjuicios causados a la AP con ocasión de las conductas sancionadas:
– Pueden quedar determinados en el procedimiento sancionador.
– Pueden determinarse en un procedimiento complementario.

Artículo 91.

Especialidades de la resolución en los procedimientos en materia de responsabilidad patrimonial

1. Una vez recibido, en su caso, el dictamen al que se refiere el artículo 81.2 o, cuando éste no sea preceptivo, una vez finalizado el trámite de audiencia, el órgano competente **resolverá o someterá la propuesta de acuerdo para su formalización por el interesado y por el órgano administrativo competente para suscribirlo.**

Cuando no se estimase procedente formalizar la propuesta de terminación convencional, el órgano competente resolverá en los términos previstos en el apartado siguiente.

✶ 2. Además de lo previsto en el artículo 88, en los casos de procedimientos de responsabilidad patrimonial, será necesario que la **resolución se pronuncie** sobre la existencia o no de la relación de causalidad entre el funcionamiento del servicio público y la lesión producida y, en su caso, sobre la valoración del daño causado, la cuantía y el modo de la indemnización, cuando proceda, de acuerdo con los criterios que para calcularla y abonarla se establecen en el artículo 34 de la Ley de Régimen Jurídico del Sector Público.

✶ 3. Transcurridos ⏱ **seis meses** desde que se inició el procedimiento sin que haya recaído y se notifique resolución expresa o, en su caso, se haya formalizado el acuerdo, podrá entenderse que la resolución es contraria a la indemnización del particular.

Artículo 92.

Competencia para la resolución de los procedimientos de responsabilidad patrimonial

En el ámbito de la Administración General del Estado, los procedimientos de responsabilidad patrimonial se resolverán por el **Ministro respectivo o por el Consejo de Ministros** en los casos del artículo 32.3 de la Ley de Régimen Jurídico del Sector Público o cuando una ley así lo disponga.

En el ámbito autonómico y local, los procedimientos de responsabilidad patrimonial se resolverán por los **órganos correspondientes de las Comunidades Autónomas o de las Entidades que integran la Administración Local.**

En el caso de las ==Entidades de Derecho Público==, **las normas que determinen su régimen jurídico podrán establecer los órganos** a quien corresponde la resolución de los procedimientos de responsabilidad patrimonial. **En su defecto, se aplicarán las normas previstas en este artículo.**

Sección 3.ª
Desistimiento y renuncia

Artículo 93. — Desistimiento por la Administración

En los procedimientos iniciados de **oficio**, la Administración podrá ==desistir,== motivadamente, en los supuestos y con los requisitos previstos en las Leyes.

Artículo 94. | Desistimiento y renuncia por los interesados

1. Todo **interesado** podrá ==desistir== de su solicitud o, cuando ello no esté prohibido por el ordenamiento jurídico, ==renunciar== a sus derechos.

2. Si el escrito de iniciación se hubiera formulado por dos o más interesados, el desistimiento o la renuncia **sólo afectará a aquellos que la hubiesen formulado.**

3. Tanto el desistimiento como la renuncia podrán hacerse por cualquier medio que permita su constancia, siempre que incorpore las firmas que correspondan de acuerdo con lo previsto en la normativa aplicable.

4. La Administración aceptará de plano el desistimiento o la renuncia, y declarará concluso el procedimiento salvo que, habiéndose personado en el mismo terceros interesados, instasen éstos su continuación en el plazo de ⏱ diez días desde que fueron notificados del desistimiento o renuncia.

➤ 5. Si la cuestión suscitada por la incoación del procedimiento entrañase interés general o fuera conveniente sustanciarla para su definición y esclarecimiento, la Administración podrá limitar los efectos del desistimiento o la renuncia al interesado y seguirá el procedimiento.

A pesar de la renuncia o el desistimiento del interesado, el procedimiento puede continuar:
- – Cuando lo insten terceros interesados que se hubiesen personado en el procedimiento.
- – Cuando lo considere la AP si la cuestión suscitada entraña interés general o es conveniente sustanciarla para su definición y esclarecimiento.

Sección 4.ª
Caducidad

✗✗ Artículo 95. Requisitos y efectos

● 1. En los procedimientos iniciados a solicitud del interesado, cuando se produzca su paralización por causa imputable al mismo, la Administración le advertirá que, transcurridos ⏱ tres meses, se producirá la caducidad del procedimiento. Consumido este plazo sin que el particular requerido realice las actividades necesarias para reanudar la tramitación, la Administración acordará el **archivo de las actuaciones**, notificándoselo al interesado. Contra la resolución que declare la caducidad **procederán los recursos pertinentes.**

● 2. No podrá acordarse la caducidad por la simple inactividad del interesado en la cumplimentación de trámites, siempre que no sean indispensables para dictar resolución. Dicha inactividad no tendrá otro efecto que la pérdida de su derecho al referido trámite.

3. La caducidad no producirá por sí sola la prescripción de las acciones del particular o de la Administración, pero los procedimientos caducados no interrumpirán el plazo de prescripción.

En los casos en los que sea posible la iniciación de un nuevo procedimiento por no haberse producido la prescripción, podrán incorporarse a éste los actos y trámites cuyo contenido se hubiera mantenido igual de no haberse producido la caducidad. En todo caso, en el nuevo procedimiento deberán cumplimentarse los trámites de alegaciones, proposición de prueba y audiencia al interesado.

RECUERDA:

– La prescripción es el espacio temporal para ejercitar una acción.
– La caducidad es el espacio temporal máximo del procedimiento desde inicio a fin.

4. Podrá no ser aplicable la caducidad en el supuesto de que la cuestión suscitada afecte al interés general, o fuera conveniente sustanciarla para su definición y esclarecimiento.

A pesar de la caducidad, el procedimiento puede continuar cuando lo considere la AP:

– Si la cuestión suscitada entrañase interés general.
– Si fuera conveniente sustanciarla para su definición y esclarecimiento.

CAPÍTULO VI

De la tramitación simplificada del procedimiento administrativo común

Artículo 96. Tramitación simplificada del procedimiento administrativo común

1. Cuando **razones de interés público o la falta de complejidad del procedimiento** así lo aconsejen, las Administraciones Públicas podrán acordar, **de oficio o a solicitud del interesado,** la ==tramitación simplificada del procedimiento.==
   En cualquier momento del procedimiento anterior a su resolución, el órgano competente para su tramitación podrá acordar continuar con arreglo a la tramitación ordinaria.

2. Cuando la Administración acuerde **de oficio** la tramitación simplificada del procedimiento deberá notificarlo a los interesados.
   Si alguno de ellos manifestara su oposición expresa, la Administración deberá seguir la tramitación ordinaria

3. Los **interesados** podrán solicitar la tramitación simplificada del procedimiento. Si el órgano competente para la tramitación aprecia que no concurre alguna de las razones previstas en el apartado 1, podrá desestimar dicha solicitud, en el plazo de cinco días desde su presentación, sin que exista posibilidad de recurso por parte del interesado. Transcurrido el mencionado plazo de cinco días se entenderá desestimada la solicitud.

4. En el caso de **procedimientos en materia de responsabilidad patrimonial** de las Administraciones Públicas, si una vez iniciado el procedimiento administrativo el órgano competente para su tramitación considera inequívoca la relación de causalidad entre el funcionamiento del servicio público y la lesión, así como la valoración del daño y el cálculo de la cuantía de la indemnización, podrá acordar de oficio la suspensión del procedimiento general y la iniciación de un procedimiento simplificado.

5. En el caso de **procedimientos de naturaleza sancionadora,** se podrá adoptar la tramitación simplificada del procedimiento cuando el órgano competente para iniciar el procedimiento considere que, de acuerdo con lo previsto en su normativa reguladora, existen elementos de juicio suficientes para calificar la infracción como leve, sin que quepa la oposición expresa por parte del interesado prevista en el apartado 2.

6. Salvo que reste menos para su tramitación ordinaria, los procedimientos administrativos tramitados de manera simplificada **deberán ser resueltos** en ⏱ treinta días, a contar desde el siguiente al que se notifique al interesado el acuerdo de tramitación simplificada del procedimiento, y **constarán únicamente de los siguientes trámites:**

✘ a) Inicio del procedimiento de oficio o a solicitud del interesado.

✘ b) Subsanación de la solicitud presentada, en su caso.

✘ c) Alegaciones formuladas al inicio del procedimiento durante el plazo de ⏱ cinco días.

✘ d) Trámite de audiencia, únicamente cuando la resolución vaya a ser desfavorable para el interesado.

✘ e) Informe del servicio jurídico, cuando éste sea preceptivo.

✘ f) Informe del Consejo General del Poder Judicial, cuando éste sea preceptivo.

✘ g) Dictamen del Consejo de Estado u órgano consultivo equivalente de la Comunidad Autónoma en los casos en que sea preceptivo. Desde que se solicite el Dictamen al Consejo de Estado, u órgano equivalente, hasta que éste sea emitido, se producirá la suspensión automática del plazo para resolver.

El órgano competente solicitará la emisión del Dictamen en un plazo tal que permita cumplir el plazo de resolución del procedimiento.

El Dictamen podrá ser emitido en el plazo de ⏱ quince días si así lo solicita el órgano competente.

En todo caso, en el expediente que se remita al Consejo de Estado u órgano consultivo equivalente, se incluirá una propuesta de resolución. Cuando el Dictamen sea contrario al fondo de la propuesta de resolución, con independencia de que se atienda o no este criterio, el órgano competente para resolver acordará continuar el procedimiento con arreglo a la tramitación ordinaria, lo que se notificará a los interesados.

En este caso, se entenderán convalidadas todas las actuaciones que se hubieran realizado durante la tramitación simplificada del procedimiento, a excepción del Dictamen del Consejo de Estado u órgano consultivo equivalente.

✗ h) Resolución.

7. En el caso que un procedimiento exigiera la realización de un trámite no previsto en el apartado anterior, deberá ser tramitado de manera ordinaria.

CAPÍTULO VII

Ejecución

Artículo 97. → Título

- 1. Las Administraciones Públicas no iniciarán ninguna actuación material de ejecución de resoluciones que limite derechos de los particulares sin que previamente haya sido adoptada la **resolución que le sirva de fundamento jurídico.**

- 2. El órgano que ordene un acto de ejecución material de resoluciones estará obligado a **notificar al particular interesado la resolución** que autorice la actuación administrativa.

Artículo 98.
Ejecutoriedad

1. Los actos de las Administraciones Públicas sujetos al Derecho Administrativo serán inmediatamente ejecutivos, **salvo que:**

a) Se produzca la suspensión de la ejecución del acto.

b) Se trate de una resolución de un procedimiento de naturaleza sancionadora contra la que quepa algún recurso en vía administrativa, incluido el potestativo de reposición.

c) Una disposición establezca lo contrario.

d) Se necesite aprobación o autorización superior.

2. Cuando de una resolución administrativa, o de cualquier otra forma de finalización del procedimiento administrativo prevista en esta ley, nazca una obligación de pago derivada de una sanción pecuniaria, multa o cualquier otro derecho que haya de abonarse a la Hacienda pública, éste se efectuará preferentemente, salvo que se justifique la imposibilidad de hacerlo, utilizando alguno de los medios electrónicos siguientes:

a) Tarjeta de crédito y débito.

b) Transferencia bancaria.

c) Domiciliación bancaria.

d) Cualesquiera otros que se autoricen por el órgano competente en materia de Hacienda Pública.

Artículo 99. Ejecución forzosa

Las Administraciones Públicas, a través de sus órganos competentes en cada caso, podrán proceder, **previo apercibimiento**, a la ejecución forzosa de los actos administrativos, **salvo** en los supuestos en que se suspenda la ejecución de acuerdo con la Ley, o cuando la Constitución o la Ley exijan la intervención de un órgano judicial.

Artículo 100. – Medios de ejecución forzosa

1. La ejecución forzosa por las Administraciones Públicas se efectuará, respetando siempre el **principio de proporcionalidad**, por los siguientes medios:

a) **Apremio sobre el patrimonio.**

b) **Ejecución subsidiaria.**

c) **Multa coercitiva.**

d) **Compulsión sobre las personas.**

2. Si fueran varios los medios de ejecución admisibles se elegirá el **menos restrictivo de la libertad individual.**

3. Si fuese necesario entrar en el domicilio del afectado o en los restantes lugares que requieran la autorización de su titular, las Administraciones Públicas deberán obtener el consentimiento del mismo o, en su defecto, la oportuna autorización judicial.

Artículo 101.

Apremio sobre el patrimonio

1. Si en virtud de acto administrativo hubiera de satisfacerse **cantidad líquida** se seguirá el procedimiento previsto en las normas reguladoras del procedimiento de apremio.

2. En cualquier caso no podrá imponerse a los administrados una obligación pecuniaria que no estuviese establecida con arreglo a una **norma de rango legal.**

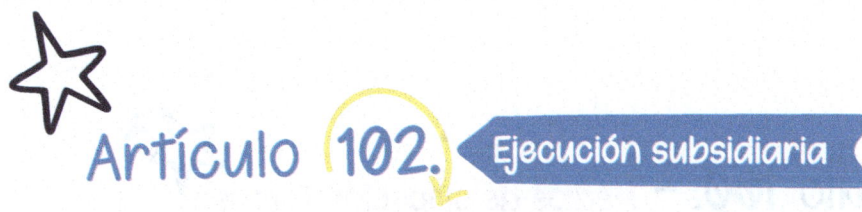

Artículo 102. Ejecución subsidiaria

▶ 1. Habrá lugar a la <mark>ejecución subsidiaria</mark> cuando se trate de **actos que por no ser personalísimos** puedan ser realizados por sujeto distinto del obligado.

▶ 2. En este caso, las Administraciones Públicas realizarán el acto, por sí o a través de las personas que determinen, a costa del obligado.

▶ 3. El importe de los gastos, daños y perjuicios se exigirá conforme a lo dispuesto en el artículo anterior.

▶ 4. Dicho importe podrá liquidarse de forma provisional y realizarse antes de la ejecución, a reserva de la liquidación definitiva.

Artículo 103. Multa coercitiva

1. **Cuando así lo autoricen las Leyes,** y en la forma y cuantía que éstas determinen, las Administraciones Públicas pueden, para la ejecución de determinados actos, imponer <mark>multas coercitivas,</mark> reiteradas por lapsos de tiempo que sean suficientes para cumplir lo ordenado, en los siguientes supuestos:

a) Actos personalísimos en que no proceda la compulsión directa sobre la persona del obligado.

b) Actos en que, procediendo la compulsión, la Administración no la estimara conveniente.

c) Actos cuya ejecución pueda el obligado encargar a otra persona.

2. La multa coercitiva es independiente de las sanciones que puedan imponerse con tal carácter y compatible con ellas.

Artículo 104. Compulsión sobre las personas

1. Los actos administrativos que impongan una **obligación personalísima de no hacer o soportar** podrán ser ejecutados por ==compulsión directa== sobre las personas en los casos en que la **ley** expresamente lo autorice, y dentro siempre del respeto debido a su dignidad y a los derechos reconocidos en la Constitución.

2. Si, tratándose de **obligaciones personalísimas de hacer,** no se realizase la prestación, el obligado deberá ==resarcir los daños y perjuicios,== a cuya liquidación y cobro se procederá en vía administrativa.

Artículo 105. Prohibición de acciones posesorias

==No se admitirán a trámite acciones posesorias== contra las actuaciones de los órganos administrativos realizadas en materia de su competencia y de acuerdo con el procedimiento legalmente establecido.

✗ N O T A S ✗

TÍTULO V

De la revisión de los actos en vía administrativa

Artículo 106.

Revisión de disposiciones y actos nulos

×1. Las Administraciones Públicas, en cualquier momento, por iniciativa propia o a solicitud de interesado, y previo **dictamen favorable** del Consejo de Estado u órgano consultivo equivalente de la Comunidad Autónoma, si lo hubiere, **declararán** de oficio la <mark>nulidad</mark> de los **actos** administrativos que hayan puesto fin a la vía administrativa o que no hayan sido recurridos en plazo, en los supuestos previstos en el artículo 47.1.

×2. Asimismo, en cualquier momento, las Administraciones Públicas de oficio, y previo **dictamen favorable** del Consejo de Estado u órgano consultivo equivalente de la Comunidad Autónoma si lo hubiere, **podrán declarar** la <mark>nulidad</mark> de las **disposiciones** administrativas en los supuestos previstos en el artículo 47.2.

×3. El órgano competente para la revisión de oficio podrá acordar motivadamente la <mark>inadmisión a trámite</mark> de las solicitudes formuladas por los interesados, **sin necesidad** de recabar **Dictamen** del Consejo de Estado u órgano consultivo de la Comunidad Autónoma, cuando las mismas **no se basen en alguna de las causas de nulidad** del artículo 47.1 o **carezcan manifiestamente de fundamento**, así como en el supuesto de que se **hubieran desestimado en cuanto al fondo otras solicitudes sustancialmente iguales.**

4. Las Administraciones Públicas, **al declarar la nulidad** de una disposición o acto, podrán establecer, en la misma resolución, las **indemnizaciones** que proceda reconocer a los interesados, si se dan las circunstancias previstas en los artículos 32.2 y 34.1 de la Ley de Régimen Jurídico del Sector Público **sin perjuicio de que, tratándose de una disposición, subsistan los actos firmes dictados en aplicación de la misma.**

5. Cuando el procedimiento se hubiera **iniciado de oficio,** el transcurso del plazo de ⏱ **seis meses** desde su inicio sin dictarse resolución producirá la **caducidad** del mismo. Si el procedimiento se hubiera **iniciado a solicitud de interesado,** se podrá entender la misma **desestimada por silencio administrativo.**

Artículo 107.

Declaración de lesividad de actos anulables

1. Las Administraciones Públicas **podrán impugnar ante el orden jurisdiccional contencioso-administrativo** los actos **favorables para los interesados** que sean anulables conforme a lo dispuesto en el artículo 48, previa su declaración de **lesividad para el interés público.**

2. La declaración de lesividad no podrá adoptarse una vez transcurridos ⏱ cuatro años desde que se dictó el acto administrativo y exigirá la previa audiencia de cuantos aparezcan como interesados en el mismo, en los términos establecidos por el artículo 82.

Sin perjuicio de su examen como presupuesto procesal de admisibilidad de la acción en el proceso judicial correspondiente, **la declaración de lesividad no será susceptible de recurso,** si bien podrá notificarse a los interesados a los meros efectos informativos.

3. Transcurrido el plazo de ⏱ **seis meses** desde la iniciación del procedimiento sin que se hubiera declarado la lesividad, se producirá la **caducidad** del mismo.

4. Si el acto proviniera de la Administración General del Estado o de las Comunidades Autónomas, la declaración de lesividad se adoptará por el órgano de cada Administración competente en la materia.

5. Si el acto proviniera de las entidades que integran la Administración Local, la declaración de lesividad se adoptará por el Pleno de la Corporación o, en defecto de éste, por el órgano colegiado superior de la entidad.

Artículo 108.
Suspensión

Iniciado el procedimiento de revisión de oficio al que se refieren los artículos 106 y 107, el órgano competente para declarar la nulidad o lesividad, podrá suspender la ejecución del acto, cuando ésta pudiera causar **perjuicios de imposible o difícil reparación**.

Artículo 109. Revocación de actos y rectificación de errores

1. Las Administraciones Públicas podrán revocar, **mientras no haya transcurrido el plazo de prescripción,** sus **actos de gravamen o desfavorables,** siempre que tal revocación no constituya dispensa o exención no permitida por las leyes, ni sea contraria al principio de igualdad, al interés público o al ordenamiento jurídico.

2. Las Administraciones Públicas podrán, asimismo, rectificar **en cualquier momento,** de oficio o a instancia de los interesados, los errores materiales, de hecho o aritméticos existentes en sus **actos.**

Artículo 110.

Límites de la revisión

Las facultades de revisión establecidas en este Capítulo, no podrán ser ejercidas cuando por prescripción de acciones, por el tiempo transcurrido o por otras circunstancias, su ejercicio resulte contrario a la equidad, a la buena fe, al derecho de los particulares o a las leyes.

Artículo

Competencia para la revisión de oficio de las disposiciones y de actos nulos y anulables en la Administración General del Estado

En el ámbito estatal, serán **competentes para la revisión** de oficio de las disposiciones y los actos administrativos nulos y anulables:

a) El Consejo de Ministros, respecto de sus propios actos y disposiciones y de los actos y disposiciones dictados por los Ministros.

b) En la Administración General del Estado:

↳ 1.º Los Ministros, respecto de los actos y disposiciones de los Secretarios de Estado y de los dictados por órganos directivos de su Departamento no dependientes de una Secretaría de Estado.

↳ 2.º Los Secretarios de Estado, respecto de los actos y disposiciones dictados por los órganos directivos de ellos dependientes.

c) En los Organismos públicos y entidades de derecho público vinculados o dependientes de la Administración General del Estado:

↳ 1.º Los órganos a los que estén adscritos los Organismos públicos y entidades de derecho público, respecto de los actos y disposiciones dictados por el máximo órgano rector de éstos.

↳ 2.º Los máximos órganos rectores de los Organismos públicos y entidades de derecho público, respecto de los actos y disposiciones dictados por los órganos de ellos dependientes.

Sección 1.ª Principios generales

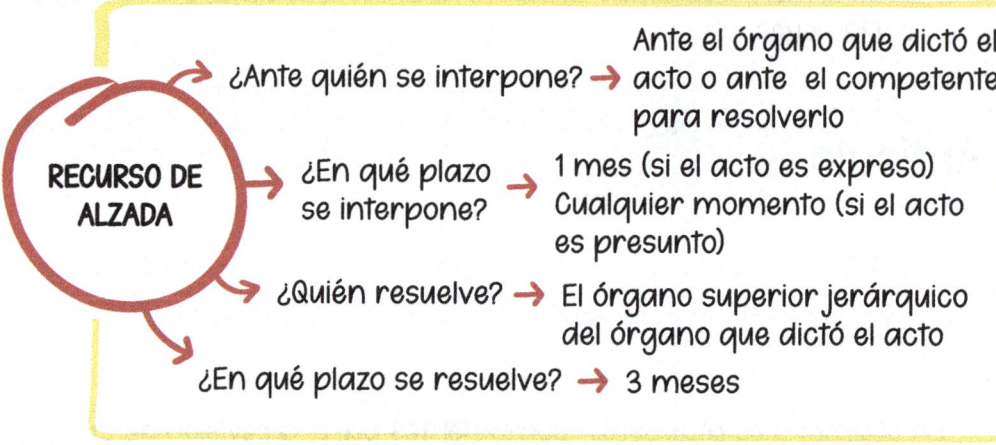

RECURSO DE ALZADA

¿Ante quién se interpone? → Ante el órgano que dictó el acto o ante el competente para resolverlo

¿En qué plazo se interpone? → 1 mes (si el acto es expreso) Cualquier momento (si el acto es presunto)

¿Quién resuelve? → El órgano superior jerárquico del órgano que dictó el acto

¿En qué plazo se resuelve? → 3 meses

⇒ Procede contra **resoluciones y actos que ponen fin a la vía administrativa** cuando concurra alguna de las circunstancias del artículo 47 o 48.

⇒ Contra la resolución del recurso de alzada cabe recurso extraordinario de revisión o recurso contencioso administrativo.

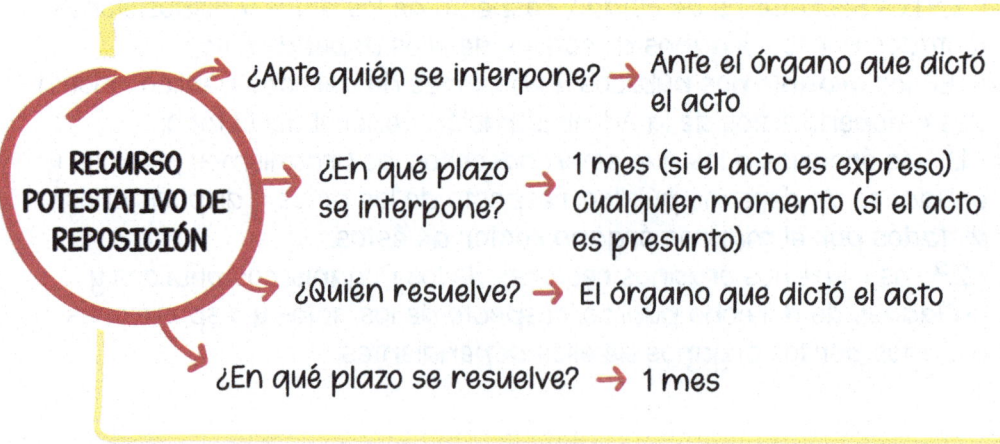

RECURSO POTESTATIVO DE REPOSICIÓN

¿Ante quién se interpone? → Ante el órgano que dictó el acto

¿En qué plazo se interpone? → 1 mes (si el acto es expreso) Cualquier momento (si el acto es presunto)

¿Quién resuelve? → El órgano que dictó el acto

¿En qué plazo se resuelve? → 1 mes

»——→ Procede contra **actos que no ponen fin a la vía administra-tiva** cuando concurra alguna de las circunstancias del artículo 47 o 48.

»——→ Contra la resolución del recurso potestativo de reposición cabe recurso extraordinario de revisión o recurso contencioso admi-nistrativo.

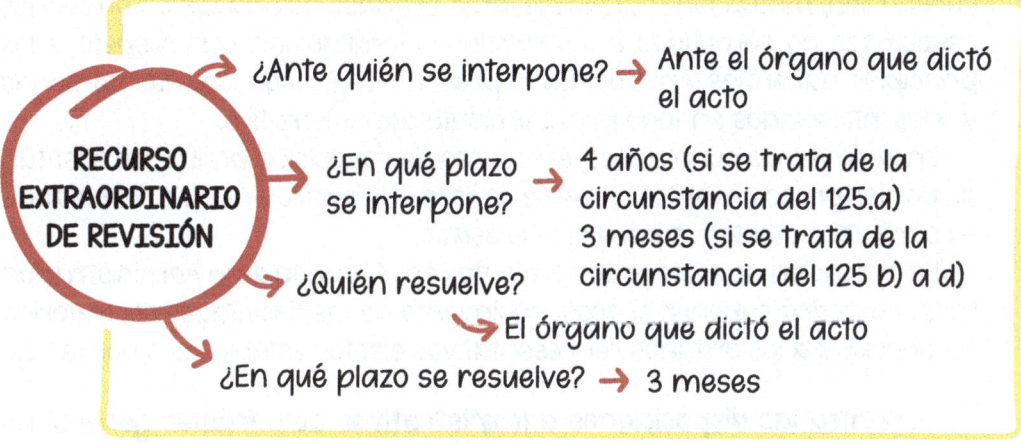

RECURSO EXTRAORDINARIO DE REVISIÓN

¿Ante quién se interpone? → Ante el órgano que dictó el acto

¿En qué plazo se interpone? → 4 años (si se trata de la circunstancia del 125.a)
3 meses (si se trata de la circunstancia del 125 b) a d)

¿Quién resuelve? ↘ El órgano que dictó el acto

¿En qué plazo se resuelve? → 3 meses

»——→ Procede contra **actos firmes en vía administrativa** cuando concurra alguna de las circunstancias del artículo 125.1

»——→ Contra la resolución del recurso extraordinario de revisión cabe recurso contencioso administrativo.

— — — — — — Artículo (112.) — — — — — —

Objeto y clases

↳1. Contra las resoluciones y los actos de trámite, si estos últimos deciden directa o indirectamente el fondo del asunto, determinan la imposibilidad de continuar el procedimiento, producen indefensión o perjuicio irre-parable a derechos e intereses legítimos, podrán interponerse por los interesados los ==recursos de alzada y potestativo de reposición,== que cabrá fundar en cualquiera de los **motivos de nulidad o anulabilidad** previstos en los artículos 47 y 48 de esta Ley.

La oposición a los restantes actos de trámite podrá alegarse por los interesados para su consideración en la resolución que ponga fin al procedimiento.

⌐ **2.** Las leyes podrán sustituir el recurso de alzada, en supuestos o ámbitos sectoriales determinados, y cuando la especificidad de la materia así lo justifique, por otros procedimientos de impugnación, reclamación, conciliación, mediación y arbitraje, ante órganos colegiados o Comisiones específicas no sometidas a instrucciones jerárquicas, con respeto a los principios, garantías y plazos que la presente Ley reconoce a las personas y a los interesados en todo procedimiento administrativo.

En las mismas condiciones, el recurso de reposición podrá ser sustituido por los procedimientos a que se refiere el párrafo anterior, respetando su carácter potestativo para el interesado.

La aplicación de estos procedimientos en el ámbito de la Administración Local no podrá suponer el desconocimiento de las facultades resolutorias reconocidas a los órganos representativos electos establecidos por la Ley.

⌐ **3. Contra las disposiciones administrativas de carácter general no cabrá recurso en vía administrativa.**

Los recursos contra un acto administrativo que se funden únicamente en la nulidad de alguna disposición administrativa de carácter general podrán interponerse directamente ante el órgano que dictó dicha disposición.

⌐ **4.** Las reclamaciones económico-administrativas se ajustarán a los procedimientos establecidos por su legislación específica.

Artículo 113.   Recurso extraordinario de revisión

Contra los actos firmes en vía administrativa, sólo procederá **el recurso extraordinario de revisión** cuando concurra alguna de las **circunstancias previstas en el artículo 125.1.**

Artículo 114. Fin de la vía administrativa

1. **Ponen fin a la vía administrativa:**
- a) Las **resoluciones de los recursos de alzada.**
- b) Las **resoluciones de los procedimientos a que se refiere el artículo 112.2.**
- c) Las **resoluciones de los órganos administrativos que carezcan de superior jerárquico,** salvo que una Ley establezca lo contrario.
- d) Los **acuerdos, pactos, convenios o contratos** que tengan la consideración de **finalizadores del procedimiento.**
- e) La **resolución administrativa de los procedimientos de responsabilidad patrimonial,** cualquiera que fuese el tipo de relación, pública o privada, de que derive.
- f) La **resolución de los procedimientos complementarios en materia sancionadora** a los que se refiere el artículo 90.4.
- g) Las **demás** resoluciones de órganos administrativos cuando una **disposición legal o reglamentaria** así lo establezca.

2. Además de lo previsto en el apartado anterior, en el ámbito estatal ponen fin a la vía administrativa los actos y resoluciones siguientes:
- a) Los actos administrativos de los **miembros y órganos del Gobierno.**
- b) Los emanados de los **Ministros y los Secretarios de Estado** en el ejercicio de las competencias que tienen atribuidas los órganos de los que son titulares.
- c) Los emanados de los **órganos directivos con nivel de Director general o superior,** en relación con las competencias que tengan atribuidas en materia de personal.
- d) En los Organismos públicos y entidades de derecho público vinculados o dependientes de la Administración General del Estado, los emanados de los **máximos órganos de dirección** unipersonales o colegiados, de acuerdo con lo que establezcan sus estatutos, salvo que por ley se establezca otra cosa.

Artículo 115. Interposición de recurso

1. La interposición del recurso deberá expresar:

a) El nombre y apellidos del **recurrente,** así como la identificación personal del mismo.

b) El **acto** que se recurre y la **razón** de su impugnación.

c) **Lugar, fecha, firma** del recurrente, identificación del **medio y, en su caso, del lugar que se señale a efectos de notificaciones.**

d) **Órgano, centro o unidad administrativa** al que se dirige y su correspondiente **código de identificación.**

e) Las demás particularidades exigidas, en su caso, por las **disposiciones específicas.**

2. El error o la ausencia de la calificación del recurso por parte del recurrente no será obstáculo para su tramitación, siempre que se deduzca su verdadero carácter.

3. Los vicios y defectos que hagan anulable un acto no podrán ser alegados por quienes los hubieren causado.

Artículo 116. Causas de inadmisión

Serán causas de inadmisión las siguientes:

a) **Ser incompetente el órgano administrativo,** cuando el competente perteneciera a otra Administración Pública. El recurso deberá remitirse al órgano competente, de acuerdo con lo establecido en el artículo 14.1 de la Ley de Régimen Jurídico del Sector Público.

b) **Carecer de legitimación el recurrente.**

c) Tratarse de un **acto no susceptible de recurso.**

d) **Haber transcurrido el plazo para la interposición del recurso.**

e) **Carecer el recurso** manifiestamente de **fundamento.**

Artículo 117. Suspensión de la ejecución

1. La **interposición** de cualquier **recurso,** excepto en los casos en que una disposición establezca lo contrario, no suspenderá la ejecución del acto impugnado.

2. No obstante lo dispuesto en el apartado anterior, el órgano a quien competa resolver el recurso, previa ponderación, suficientemente razonada, entre el perjuicio que causaría al interés público o a terceros la suspensión y el ocasionado al recurrente como consecuencia de la eficacia inmediata del acto recurrido, podrá suspender, de oficio o a solicitud del recurrente, la ejecución del acto impugnado cuando concurran alguna de las siguientes **circunstancias:**

a) Que la ejecución pudiera causar perjuicios de imposible o difícil reparación.

b) Que la impugnación se fundamente en alguna de las causas de nulidad de pleno derecho previstas en el artículo 47.1 de esta Ley.

3. La ejecución del acto impugnado se entenderá suspendida si transcurrido ⏱ **un mes** desde que la solicitud de suspensión haya tenido entrada en el registro electrónico de la Administración u Organismo competente para decidir sobre la misma, el órgano a quien competa resolver el recurso **no ha dictado y notificado resolución expresa** al respecto. En estos casos, no será de aplicación lo establecido en el artículo 21.4 segundo párrafo, de esta Ley.

> ¡Es el único supuesto en que la ley prevé el silencio estimatorio en caso de que no dicte y notifique resolución expresa en plazo!

4. Al dictar el **acuerdo de suspensión podrán adoptarse las medidas cautelares** que sean necesarias para asegurar la protección del interés público o de terceros y la eficacia de la resolución o el acto impugnado.

Cuando de la suspensión puedan derivarse perjuicios de cualquier naturaleza, aquélla sólo producirá efectos previa prestación de caución o garantía suficiente para responder de ellos, en los términos establecidos reglamentariamente.

La **suspensión se prolongará después de agotada la vía administrativa cuando,** habiéndolo solicitado previamente el interesado, exista medida cautelar y los efectos de ésta se extiendan a la vía contencioso–administrativa. Si el interesado interpusiera recurso contencioso–administrativo, solicitando la suspensión del acto objeto del proceso, se mantendrá la suspensión hasta que se produzca el correspondiente pronunciamiento judicial sobre la solicitud.

⚑5. Cuando el recurso tenga por objeto la impugnación de un acto administrativo que afecte a una pluralidad indeterminada de personas, la suspensión de su eficacia habrá de ser publicada en el periódico oficial en que aquél se insertó.

Artículo 118.

Audiencia de los interesados

✴1. Cuando hayan de tenerse en cuenta nuevos hechos o documentos no recogidos en el expediente originario, se pondrán de manifiesto a los interesados para que, en un plazo **no inferior a** ⏱ diez días **ni superior a** ⏱ quince, formulen las alegaciones y presenten los documentos y justificantes que estimen procedentes.

No se tendrán en cuenta en la resolución de los recursos, hechos, documentos o alegaciones del recurrente, cuando habiendo podido aportarlos en el trámite de alegaciones no lo haya hecho. Tampoco podrá solicitarse la práctica de pruebas cuando su falta de realización en el procedimiento en el que se dictó la resolución recurrida fuera imputable al interesado.

✴2. Si hubiera otros interesados se les dará, en todo caso, traslado del recurso para que en el plazo antes citado, aleguen cuanto estimen procedente.

✱3. El recurso, los informes y las propuestas no tienen el carácter de documentos nuevos a los efectos de este artículo. Tampoco lo tendrán los que los interesados hayan aportado al expediente antes de recaer la resolución impugnada.

Artículo 119. Resolución

—1. La resolución del recurso estimará en todo o en parte o desestimará las pretensiones formuladas en el mismo o declarar su inadmisión.

—2. Cuando existiendo vicio de forma no se estime procedente resolver sobre el fondo se ordenará la retroacción del procedimiento al momento en el que el vicio fue cometido, sin perjuicio de que eventualmente pueda acordarse la convalidación de actuaciones por el órgano competente para ello, de acuerdo con lo dispuesto en el artículo 52.

—3. El órgano que resuelva el recurso **decidirá cuantas cuestiones, tanto de forma como de fondo, plantee el procedimiento, hayan sido o no alegadas por los interesados.** En este último caso se les oirá previamente. No obstante, **la resolución será congruente con las peticiones formuladas por el recurrente, sin que en ningún caso pueda agravarse su situación inicial.**

Artículo 120. Pluralidad de recursos administrativos

○1. Cuando deban resolverse una **pluralidad de recursos administrativos que traigan causa de un mismo acto administrativo y se hubiera interpuesto un recurso judicial contra una resolución administrativa o bien contra el correspondiente acto presunto desestimatorio,** el órgano administrativo podrá acordar la suspensión del plazo para resolver hasta que recaiga pronunciamiento judicial.

○ 2. El acuerdo de suspensión deberá ser notificado a los interesados, quienes podrán recurrirlo.

La interposición del correspondiente recurso por un interesado, no afectará a los restantes procedimientos de recurso que se encuentren suspendidos por traer causa del mismo acto administrativo.

○ 3. Recaído el pronunciamiento judicial, será comunicado a los interesados y el órgano administrativo competente para resolver podrá dictar resolución sin necesidad de realizar ningún trámite adicional, salvo el de audiencia, cuando proceda.

Sección 2.ª
Recurso de alzada

Artículo 121. Objeto

➤ 1. Las resoluciones y actos a que se refiere el artículo 112.1, cuando **no pongan fin a la vía administrativa,** podrán ser recurridos en alzada **ante el órgano superior jerárquico del que los dictó.** A estos efectos, los Tribunales y órganos de selección del personal al servicio de las Administraciones Públicas y cualesquiera otros que, en el seno de éstas, actúen con autonomía funcional, se considerarán dependientes del órgano al que estén adscritos o, en su defecto, del que haya nombrado al presidente de los mismos.

➤ 2. El recurso **podrá interponerse ante el órgano que dictó el acto que se impugna o ante el competente para resolverlo.**

Si el recurso se hubiera interpuesto ante el órgano que dictó el acto impugnado, éste deberá remitirlo al competente en el plazo de ⏱ diez días, con su informe y con una copia completa y ordenada del expediente.

El titular del órgano que dictó el acto recurrido será responsable directo del cumplimiento de lo previsto en el párrafo anterior.

Artículo 122. Plazos

▶ 1. El **plazo para la interposición del recurso** de alzada será de ⏱ **un mes, si el acto fuera expreso.** Transcurrido dicho plazo sin haberse interpuesto el recurso, la resolución será firme a todos los efectos.

Si el acto no fuera expreso el solicitante y otros posibles interesados podrán interponer recurso de alzada **en cualquier momento** a partir del ⏱ día siguiente a aquel en que, de acuerdo con su normativa específica, se produzcan los efectos del silencio administrativo.

▶ 2. **El plazo máximo para dictar y notificar la resolución** será de ⏱ **tres meses.** Transcurrido este plazo sin que recaiga resolución, se podrá entender desestimado el recurso, salvo en el supuesto previsto en el artículo 24.1, tercer párrafo.

▶ 3. Contra la resolución de un recurso de alzada no cabrá ningún otro recurso administrativo, salvo el recurso extraordinario de revisión, en los casos establecidos en el artículo 125.1.

Sección 3.ª
Recurso potestativo de reposición

Artículo 123. Objeto y naturaleza

● 1. Los actos administrativos que **pongan fin a la vía administrativa** podrán ser recurridos potestativamente en reposición **ante el mismo órgano que los hubiera dictado** o ser impugnados directamente ante el orden jurisdiccional contencioso-administrativo.

● 2. No se podrá interponer recurso contencioso-administrativo hasta que sea resuelto expresamente o se haya producido la desestimación presunta del recurso de reposición interpuesto.

Artículo 124.  Plazos

➤ 1. El **plazo para la interposición del recurso** de reposición será de ⏱ **un mes**, **si el acto fuera expreso.** Transcurrido dicho plazo, únicamente podrá interponerse recurso contencioso-administrativo, sin perjuicio, en su caso, de la procedencia del recurso extraordinario de revisión.

  Si el acto no fuera expreso, el solicitante y otros posibles interesados podrán interponer recurso de reposición **en cualquier momento** a partir del ⏱ día siguiente a aquel en que, de acuerdo con su normativa específica, se produzca el acto presunto.

➤ 2. **El plazo máximo para dictar y notificar la resolución** del recurso será de ⏱ **un mes.**

➤ 3. Contra la resolución de un recurso de reposición no podrá interponerse de nuevo dicho recurso.

Sección 4.ª
Recurso extraordinario de revisión

Artículo 125. Objeto y plazos

⚑ 1. Contra los **actos firmes en vía administrativa** podrá interponerse el recurso extraordinario de revisión **ante el órgano administrativo que los dictó, que también será el competente para su resolución,** cuando concurra **alguna** de las **circunstancias siguientes:**

  a) Que al dictarlos se hubiera incurrido en error de hecho, que resulte de los propios documentos incorporados al expediente.

  b) Que aparezcan documentos de valor esencial para la resolución del asunto que, aunque sean posteriores, evidencien el error de la resolución recurrida.

c) Que en la resolución hayan influido esencialmente documentos o testimonios declarados falsos por sentencia judicial firme, anterior o posterior a aquella resolución.

d) Que la resolución se hubiese dictado como consecuencia de prevaricación, cohecho, violencia, maquinación fraudulenta u otra conducta punible y se haya declarado así en virtud de sentencia judicial firme.

2. El recurso extraordinario de revisión **se interpondrá,** cuando se trate de la causa **a)** del apartado anterior, dentro del plazo de ⏱ **cuatro años** siguientes a la fecha de la notificación de la resolución impugnada. En los **demás casos,** el plazo será de ⏱ **tres meses** a contar desde el conocimiento de los documentos o desde que la sentencia judicial quedó firme.

3. Lo establecido en el presente artículo no perjudica el derecho de los interesados a formular la solicitud y la instancia a que se refieren los artículos 106 y 109.2 de la presente Ley ni su derecho a que las mismas se sustancien y resuelvan.

Artículo 126. Resolución

1. El órgano competente para la resolución del recurso podrá acordar motivadamente la inadmisión a trámite, **sin necesidad** de recabar **dictamen** del Consejo de Estado u órgano consultivo de la Comunidad Autónoma, cuando el mismo **no se funde en alguna de las causas** previstas en el apartado 1 del artículo anterior o en el supuesto de que se hubiesen **desestimado en cuanto al fondo otros recursos sustancialmente iguales.**

2. El órgano al que corresponde conocer del recurso extraordinario de revisión debe pronunciarse no sólo sobre la procedencia del recurso, sino también, en su caso, sobre el fondo de la cuestión resuelta por el acto recurrido.

3. Transcurrido el plazo de ⏱**tres meses** desde la interposición del recurso extraordinario de revisión sin haberse **dictado y notificado la resolución,** se entenderá desestimado, quedando expedita la vía jurisdiccional contencioso–administrativa.

NOTAS

TÍTULO VI

De la iniciativa legislativa y de la potestad para dictar reglamentos y otras disposiciones

Artículo 127. Iniciativa legislativa y potestad para dictar normas con rango de ley

El **Gobierno de la Nación** ejercerá la iniciativa legislativa prevista en la Constitución mediante la elaboración y aprobación de los anteproyectos de Ley y la ulterior remisión de los proyectos de ley a las Cortes Generales.

La iniciativa legislativa se ejercerá por los **órganos de gobierno de las Comunidades Autónomas** en los términos establecidos por la Constitución y sus respectivos Estatutos de Autonomía.

Asimismo, el **Gobierno de la Nación** podrá aprobar reales decretos-leyes y reales decretos legislativos en los términos previstos en la Constitución. Los respectivos **órganos de gobierno de las Comunidades Autónomas** podrán aprobar **normas equivalentes** a aquéllas en su ámbito territorial, de conformidad con lo establecido en la Constitución y en sus respectivos Estatutos de Autonomía.

Artículo 128.

Potestad reglamentaria

-1. El ejercicio de la potestad reglamentaria corresponde al **Gobierno de la Nación,** a los **órganos de Gobierno de las Comunidades Autónomas,** de conformidad con lo establecido en sus respectivos Estatutos, y a los **órganos de gobierno locales,** de acuerdo con lo previsto en la Constitución, los Estatutos de Autonomía y la Ley 7/1985, de 2 de abril, reguladora de las Bases del Régimen Local.

-2. Los reglamentos y disposiciones administrativas no podrán vulnerar la Constitución o las leyes ni regular aquellas materias que la Constitución o los Estatutos de Autonomía reconocen de la competencia de las Cortes Generales o de las Asambleas Legislativas de las Comunidades Autónomas. Sin perjuicio de su función de desarrollo o colaboración con respecto a la ley, no podrán tipificar delitos, faltas o infracciones administrativas, establecer penas o sanciones, así como tributos, exacciones parafiscales u otras cargas o prestaciones personales o patrimoniales de carácter público.

-3. Las disposiciones administrativas se ajustarán al orden de jerarquía que establezcan las leyes. Ninguna disposición administrativa podrá vulnerar los preceptos de otra de rango superior.

Artículo 129. Principios de buena regulación

1. En el ejercicio de la iniciativa legislativa y la potestad reglamentaria, las Administraciones Públicas actuarán de acuerdo con **los principios de necesidad, eficacia, proporcionalidad, seguridad jurídica, transparencia, y eficiencia.** En la exposición de motivos o en el preámbulo, según se trate, respectivamente, de anteproyectos de ley o de proyectos de reglamento, quedará suficientemente justificada su adecuación a dichos principios.

2. En virtud de los principios de **necesidad y eficacia,** la iniciativa normativa debe estar justificada por una razón de interés general, basarse en una identificación clara de los fines perseguidos y ser el instrumento más adecuado para garantizar su consecución.

3. En virtud del principio de **proporcionalidad,** la iniciativa que se proponga deberá contener la regulación imprescindible para atender la necesidad a cubrir con la norma, tras constatar que no existen otras medidas menos restrictivas de derechos, o que impongan menos obligaciones a los destinatarios.

4. A fin de garantizar el principio de **seguridad jurídica,** la iniciativa normativa se ejercerá de manera coherente con el resto del ordenamiento jurídico, nacional y de la Unión Europea, para generar un marco normativo estable, predecible, integrado, claro y de certidumbre, que facilite su conocimiento y comprensión y, en consecuencia, la actuación y toma de decisiones de las personas y empresas.

Cuando en materia de procedimiento administrativo la iniciativa normativa establezca trámites adicionales o distintos a los contemplados en esta Ley, éstos deberán ser justificados atendiendo a la singularidad de la materia o a los fines perseguidos por la propuesta.

Las habilitaciones para el desarrollo reglamentario de una ley serán conferidas, con carácter general, al Gobierno o **Consejo de Gobierno respectivo.** La atribución directa a los titulares de los departamentos ministeriales **o de las consejerías del Gobierno,** o a otros órganos dependientes o subordinados de ellos, tendrá carácter excepcional y deberá justificarse en la ley habilitante.

Las leyes podrán habilitar directamente a Autoridades Independientes u otros organismos que tengan atribuida esta potestad para
aprobar normas en desarrollo o aplicación de las mismas, cuando la
naturaleza de la materia así lo exija.

5. En aplicación del principio de **transparencia,** las Administraciones
Públicas posibilitarán el acceso sencillo, universal y actualizado a la
normativa en vigor y los documentos propios de su proceso de elaboración, en los términos establecidos en el artículo 7 de la Ley 19/2013,
de 9 de diciembre, de transparencia, acceso a la información pública
y buen gobierno; definirán claramente los objetivos de las iniciativas
normativas y su justificación en el preámbulo o exposición de motivos;
y posibilitarán que los potenciales destinatarios tengan una participación activa en la elaboración de las normas.

6. En aplicación del principio de **eficiencia,** la iniciativa normativa debe
evitar cargas administrativas innecesarias o accesorias y racionalizar, en su aplicación, la gestión de los recursos públicos.

7. Cuando la iniciativa normativa afecte a los gastos o ingresos públicos presentes o futuros, se deberán cuantificar y valorar sus reper-
cusiones y efectos, y supeditarse al cumplimiento de los principios de
estabilidad presupuestaria y sostenibilidad financiera.

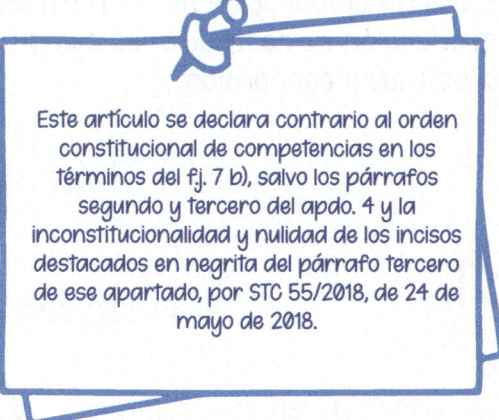

Este artículo se declara contrario al orden
constitucional de competencias en los
términos del fj. 7 b), salvo los párrafos
segundo y tercero del apdo. 4 y la
inconstitucionalidad y nulidad de los incisos
destacados en negrita del párrafo tercero
de ese apartado, por STC 55/2018, de 24 de
mayo de 2018.

Artículo 130.

Evaluación normativa y adaptación de la normativa vigente a los principios de buena regulación

> Artículo declarado contrario al orden constitucional de competencias en los términos del fj. 7 b) por STC 55/2018, de 24 de mayo de 2018.

1. Las Administraciones Públicas revisarán periódicamente su normativa vigente para adaptarla a los principios de buena regulación y para comprobar la medida en que las normas en vigor han conseguido los objetivos previstos y si estaba justificado y correctamente cuantificado el coste y las cargas impuestas en ellas.

   El resultado de la evaluación se plasmará en un informe que se hará público, con el detalle, periodicidad y por el órgano que determine la normativa reguladora de la Administración correspondiente.

2. Las Administraciones Públicas promoverán la aplicación de los principios de buena regulación y cooperarán para promocionar el análisis económico en la elaboración de las normas y, en particular, para evitar la introducción de restricciones injustificadas o desproporcionadas a la actividad económica.

Artículo 131. Publicidad de las normas

Las normas con rango de ley, los reglamentos y disposiciones administrativas **habrán de publicarse** en el diario oficial correspondiente para que entren en vigor y produzcan efectos jurídicos. Adicionalmente, y de manera facultativa, las Administraciones Públicas **podrán establecer** otros medios de publicidad complementarios.

La publicación de los diarios o boletines oficiales en las sedes electrónicas de la Administración, Órgano, Organismo público o Entidad competente tendrá, en las condiciones y con las garantías que cada Administración Pública determine, los **mismos efectos que los atribuidos a su edición impresa.**

La publicación del **«Boletín Oficial del Estado» en la sede electrónica** del Organismo competente **tendrá carácter oficial y auténtico** en las condiciones y con las garantías que se determinen reglamentariamente, derivándose de dicha publicación los efectos previstos en el título preliminar del Código Civil y en las restantes normas aplicables.

Artículo 132.

Planificación normativa

Artículo declarado contrario al orden constitucional de competencias en los términos del f.j. 7 b) y 7 c) por STC 55/2018, de 24 de mayo de 2018.

▶1. Anualmente, las Administraciones Públicas harán público un Plan Normativo que contendrá las iniciativas legales o reglamentarias que vayan a ser elevadas para su aprobación en el año siguiente.

▶2. Una vez aprobado, el Plan Anual Normativo se publicará en el Portal de la Transparencia de la Administración Pública correspondiente.

Artículo 133. Participación de los ciudadanos en el procedimiento de elaboración de normas con rango de Ley y reglamentos

Artículo declarado contrario al orden constitucional de competencias en los términos del f.j. 7 b), salvo el inciso de su apartado primero «Con carácter previo a la elaboración del proyecto o anteproyecto de ley o de reglamento, se sustanciará una consulta pública» y el primer párrafo de su apartado 4, en los términos del f.j. 7 c), por STC 55/2018, de 24 de mayo de 2018.

1. **Con carácter previo a la elaboración del proyecto o anteproyecto de ley o de reglamento,** se sustanciará una consulta pública, a través del portal web de la Administración competente en la que se recabará la opinión de los sujetos y de las organizaciones más representativas potencialmente afectados por la futura norma acerca de:

   a) Los problemas que se pretenden solucionar con la iniciativa.

   b) La necesidad y oportunidad de su aprobación.

   c) Los objetivos de la norma.

   d) Las posibles soluciones alternativas regulatorias y no regulatorias.

2. Sin perjuicio de la consulta previa a la redacción del texto de la iniciativa, cuando la norma afecte a los derechos e intereses legítimos de las personas, el centro directivo competente publicará el texto en el portal web correspondiente, con el objeto de dar audiencia a los ciudadanos afectados y recabar cuantas aportaciones adicionales puedan hacerse por otras personas o entidades. Asimismo, podrá también recabarse directamente la opinión de las organizaciones o asociaciones reconocidas por ley que agrupen o representen a las personas cuyos derechos o intereses legítimos se vieren afectados por la norma y cuyos fines guarden relación directa con su objeto.

3. La consulta, audiencia e información públicas reguladas en este artículo deberán realizarse de forma tal que los potenciales destinatarios de la norma y quienes realicen aportaciones sobre ella tengan la posibilidad de emitir su opinión, para lo cual deberán ponerse a su disposición los documentos necesarios, que serán claros, concisos y

reunir toda la información precisa para poder pronunciarse sobre la materia.

4. Podrá prescindirse de los trámites de consulta, audiencia e información públicas previstos en este artículo en el caso de **normas presupuestarias u organizativas** de la Administración General del Estado, la Administración autonómica, la Administración local o de las organizaciones dependientes o vinculadas a éstas, o cuando concurran **razones graves de interés público que lo justifiquen.**

Cuando la propuesta normativa no tenga un impacto significativo en la actividad económica, no imponga obligaciones relevantes a los destinatarios o regule aspectos parciales de una materia, podrá omitirse la consulta pública regulada en el apartado primero. Si la normativa reguladora del ejercicio de la iniciativa legislativa o de la potestad reglamentaria por una Administración prevé la tramitación urgente de estos procedimientos, la eventual excepción del trámite por esta circunstancia se ajustará a lo previsto en aquella.

NOTAS

NOTAS

NOTAS

Subsanación de la acreditación de la representación	10 días
Informar del plazo máximo para la resolución	10 días
Certificado acreditativo del silencio producido	15 días
Expedición de copias auténticas –desde la entrada de la solicitud en registro–	15 días
Remisión de informes preceptivos elaborados por un órgano administrativo distinto del que tramita el procedimiento –desde su solicitud–	10 días
Dar curso a la notificación –a partir de la fecha en que el acto fue dictado–	10 días
Repetir la práctica de la notificación	3 días
Acuerdo de inicio del procedimiento –desde la adopción de medidas provisionales–	10 días naturales
Consideración de notificación electrónica rechazada –desde la puesta a disposición de la notificación–	15 días
Responsabilidad patrimonial: aportación de alegaciones, documentos o información	10 días
Subsanación y mejora de la solicitud de iniciación	10 días
Cumplimentación de trámites por los interesados –a partir del día siguiente al de la notificación–	10 días
Cumplimentación de trámites durante el procedimiento	10 días
Período de prueba	no superior a 30 días ni inferior a 10
Período extraordinario de prueba	no superior a 10 días

Emisión de informes	10 días
Responsabilidad patrimonial: emisión de informes	10 días
Responsabilidad patrimonial: remisión de propuesta de resolución –desde finalización del trámite de audiencia–	10 días
Trámite de audiencia	no inferior a 10 ni superior a 15 días
Trámite de información pública	20 días
Actuaciones complementarias: alegaciones	7 días
Actuaciones complementarias: realización	no superior a 15 días
Alegaciones en las cuestiones conexas de una resolución	no superior a 15 días
Sancionador: alegaciones a la propuesta de resolución	15 días
Instar a continuar un procedimiento por terceros interesados	10 días
Tramitación simplificada: desestimar la tramitación simplificada solicitada por los interesados	5 días
Tramitación simplificada: plazo general	30 días
Tramitación simplificada: emisión de dictámenes	15 días
Recursos administrativos: audiencia a los interesados	no inferior a 10 ni superior a 15 días
Recurso de alzada: remisión del expediente al órgano competente	10 días

Plazo máximo para resolver y notificar la resolución	6 meses
Plazo máximo para resolver y notificar la resolución expresa si no se fija por la norma reguladora del correspondiente procedimiento	3 meses
Suspensión máxima durante la solicitud de informes preceptivos	3 meses
Responsabilidad patrimonial: emisión de dictamen del Consejo de Estado u órgano equivalente de las CCAA	2 meses
Responsabilidad patrimonial: emisión de informe del CGPJ	2 meses
Responsabilidad patrimonial: silencio desestimatorio	6 meses
Solicitudes del interesado: caducidad	3 meses
Revisión de oficio: iniciación de oficio: caducidad	6 meses
Revisión de oficio: iniciación por el interesado: desistimiento	6 meses
Caducidad de la declaración de lesividad –desde que se inició el procedimiento–	6 meses
Suspensión de ejecución de un acto impugnado	1 mes
Recurso de alzada: interposición del recurso contra actos expresos	1 mes
Recurso de alzada: plazo para dictar y notificar la resolución	3 meses

Recurso potestativo de reposición: interposición del recurso contra actos expresos	1 mes
Recurso potestativo de reposición: plazo para dictar y notificar la resolución	1 mes
Recurso extraordinario de revisión: interposición del recurso por causas del 125.1.b), c) y d)	3 meses
Recurso extraordinario de revisión: plazo para dictar y notificar la resolución	3 meses

PLAZOS I AÑOS

Validez de los poderes inscritos en un registro electrónico	5 años
Responsabilidad patrimonial: prescripción del derecho a reclamar	1 año
Límite para adoptar una declaración de lesividad	4 años
Recurso extraordinario de revisión: interposición del recurso por causas del 125.1.a)	4 años

DISPOSICIONES ADICIONALES

D.A. 1.ª Especialidades por razón de materia

*1. Los procedimientos administrativos regulados en leyes especiales por razón de la materia que no exijan alguno de los trámites previstos en esta Ley o regulen trámites adicionales o distintos se regirán, respecto a éstos, por lo dispuesto en dichas leyes especiales.

*2. Las siguientes actuaciones y procedimientos se regirán por su normativa específica y supletoriamente por lo dispuesto en esta Ley:

a) Las actuaciones y procedimientos de aplicación de los tributos en materia tributaria y aduanera, así como su revisión en vía administrativa.

b) Las actuaciones y procedimientos de gestión, inspección, liquidación, recaudación, impugnación y revisión en materia de Seguridad Social y Desempleo.

c) Las actuaciones y procedimientos sancionadores en materia tributaria y aduanera, en el orden social, en materia de tráfico y seguridad vial y en materia de extranjería.

d) Las actuaciones y procedimientos en materia de extranjería y asilo.

D.A. 2.ª Adhesión de las Comunidades Autónomas y Entidades Locales a las plataformas y registros de la Administración General del Estado

Para cumplir con lo previsto en materia de registro electrónico de apoderamientos, registro electrónico, archivo electrónico único, plataforma de intermediación de datos y punto de acceso general electrónico de la Administración, las Comunidades Autónomas y las Entidades Locales podrán adherirse voluntariamente y a través de medios electrónicos a las plataformas y registros establecidos al efecto por la Administración General del Estado. Su no adhesión, deberá justificarse en términos de eficiencia conforme al artículo 7 de la Ley Orgánica 2/2012, de 27 de abril, de Estabilidad Presupuestaria y Sostenibilidad Financiera.

En el caso que una Comunidad Autónoma o una Entidad Local justifique ante el Ministerio de Hacienda y Administraciones Públicas que puede prestar el servicio de un modo más eficiente, de acuerdo con los criterios previstos en el párrafo anterior, y opte por mantener su propio registro o plataforma, las citadas Administraciones deberán garantizar que éste cumple con los requisitos del Esquema Nacional de Interoperabilidad, el Esquema Nacional de Seguridad, y sus normas técnicas de desarrollo, de modo que se garantice su compatibilidad informática e interconexión, así como la transmisión telemática de las solicitudes, escritos y comunicaciones que se realicen en sus correspondientes registros y plataformas.

Se declara que el párrafo segundo no es inconstitucional interpretado en los términos del fj. 11 f) por STC 55/2018, de 24 de mayo de 2018.

D.A. 3.ª Notificación por medio de anuncio publicado en el «Boletín Oficial del Estado»

✗1. El «Boletín Oficial del Estado» pondrá a disposición de las diversas Administraciones Públicas, un sistema automatizado de remisión y gestión telemática para la publicación de los anuncios de notificación en el mismo previstos en el artículo 44 de esta Ley y en esta disposición adicional. Dicho sistema, que cumplirá con lo establecido en esta Ley, y su normativa de desarrollo, garantizará la celeridad de la publicación, su correcta y fiel inserción, así como la identificación del órgano remitente.

✗2. En aquellos procedimientos administrativos que cuenten con normativa específica, de concurrir los supuestos previstos en el artículo 44 de esta Ley, la práctica de la notificación se hará, en todo caso, mediante un anuncio publicado en el «Boletín Oficial del Estado», sin perjuicio de que previamente y con carácter facultativo pueda realizarse en la forma prevista por dicha normativa específica.

✱3. La publicación en el «Boletín Oficial del Estado» de los anuncios a que se refieren los dos párrafos anteriores se efectuará sin contraprestación económica alguna por parte de quienes la hayan solicitado.

D.A. 4.ª Oficinas de asistencia en materia de registros

Las Administraciones Públicas deberán mantener permanentemente actualizado en la correspondiente sede electrónica un directorio geográfico que permita al interesado identificar la oficina de asistencia en materia de registros más próxima a su domicilio.

D.A. 5.ª Actuación administrativa de los órganos constitucionales del Estado y de los órganos legislativos y de control autonómicos

La actuación administrativa de los órganos competentes del Congreso de los Diputados, del Senado, del Consejo General del Poder Judicial, del Tribunal Constitucional, del Tribunal de Cuentas, del Defensor del Pueblo, de las Asambleas Legislativas de las Comunidades Autónomas y de las instituciones autonómicas análogas al Tribunal de Cuentas y al Defensor del Pueblo, se regirá por lo previsto en su normativa específica, en el marco de los principios que inspiran la actuación administrativa de acuerdo con esta Ley.

D.A. 6.ª Sistemas de identificación y firma previstos en los artículos 9.2 c) y 10.2 c)

✱1. No obstante lo dispuesto en los artículos 9.2 c) y 10.2 c) de la presente Ley, en las relaciones de los interesados con los sujetos sometidos al ámbito de aplicación de esta Ley, no serán admisibles en ningún caso y, por lo tanto, no podrán ser autorizados, los sistemas de identificación basados en tecnologías de registro distribuido y los sistemas de firma basados en los anteriores, en tanto que no sean objeto de regulación específica por el Estado en el marco del Derecho de la Unión Europea.

✶2. En todo caso, cualquier sistema de identificación basado en tecnología de registro distribuido que prevea la legislación estatal a que hace referencia el apartado anterior deberá contemplar asimismo que la Administración General del Estado actuará como autoridad intermedia que ejercerá las funciones que corresponda para garantizar la seguridad pública.

D.A. 7.ª

La Secretaría General de Administración Digital del Ministerio de Asuntos Económicos y Transformación Digital informará a la Conferencia Sectorial para asuntos de Seguridad Nacional de las resoluciones denegatorias de la autorización prevista en los artículos 9.2.c) y 10.2.c) de esta ley, que, en su caso, se hayan dictado en el plazo máximo de ⏱ tres meses desde la adopción de la citada resolución.

D.A. 8.ª Resoluciones de Secretaría General de Administración Digital del Ministerio de Asuntos Económicos y Transformación Digital que establezcan las condiciones de uso de sistemas de identificación y/o firma no criptográfica

Cuando se trate de sistemas establecidos por medio de Resolución de la Secretaría General de Administración Digital del Ministerio de Asuntos Económicos y Transformación Digital para su ámbito competencial con objeto de determinar las circunstancias en las que un sistema de firma electrónica no basado en certificados electrónicos será considerado como válido en las relaciones de los interesados con los órganos administrativos de la Administración General del Estado, sus organismos públicos y entidades de Derecho Público vinculados o dependientes, no será preciso el transcurso del plazo de dos meses para la eficacia jurídica del sistema a que se refiere el artículo 10.2.c) de la presente ley, adquiriendo eficacia jurídica al día siguiente de la publicación de la Resolución, salvo que esta disponga otra cosa.

D.A. 9.ª Suspensión de plazos administrativos en los acuerdos de declaración de zonas afectadas gravemente por emergencias de protección civil.

El acuerdo de Consejo de Ministros por el que se declare una zona afectada gravemente por una emergencia de protección civil, previsto en el artículo 23 de la Ley 17/2015, de 9 de julio, del Sistema Nacional de Protección Civil, podrá establecer la suspensión de los plazos para el cumplimiento de los trámites de los procedimientos administrativos del sector público que correspondan a los interesados residentes en los términos municipales incluidos en el ámbito de aplicación del acuerdo y, en su caso, a aquellos otros interesados que acrediten el carácter imposible o gravoso de su cumplimiento en atención a los efectos de la emergencia. La suspensión se mantendrá hasta el momento en que se dicte un nuevo acuerdo de Consejo de Ministros decretando la finalización de esta medida, tras lo cual se reanudarán los plazos suspendidos.

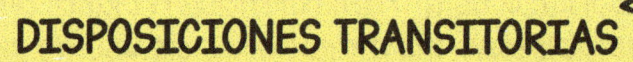

DISPOSICIONES TRANSITORIAS

D.T. 1.ª — Archivo de documentos

★1. El archivo de los documentos correspondientes a procedimientos administrativos ya iniciados antes de la entrada en vigor de la presente Ley, se regirán por lo dispuesto en la normativa anterior.

★2. Siempre que sea posible, los documentos en papel asociados a procedimientos administrativos finalizados antes de la entrada en vigor de esta Ley, deberán digitalizarse de acuerdo con los requisitos establecidos en la normativa reguladora aplicable.

D.T. 2.ª — Registro electrónico y archivo electrónico único

Mientras no entren en vigor las previsiones relativas al registro electrónico y el archivo electrónico único, en el ámbito de la Administración General del Estado se aplicarán las siguientes reglas:

a) Durante el primer año, tras la entrada en vigor de la Ley, podrán mantenerse los registros y archivos existentes en el momento de la entrada en vigor de esta ley.

b) Durante el segundo año, tras la entrada en vigor de la Ley, se dispondrá como máximo, de un registro electrónico y un archivo electrónico por cada Ministerio, así como de un registro electrónico por cada Organismo público.

D.T. 3.ª — Régimen transitorio de los procedimientos

⋆a) A los procedimientos ya iniciados antes de la entrada en vigor de la Ley no les será de aplicación la misma, rigiéndose por la normativa anterior.

⋆b) Los procedimientos de revisión de oficio iniciados después de la entrada en vigor de la presente Ley se sustanciarán por las normas establecidas en ésta.

⋆c) Los actos y resoluciones dictados con posterioridad a la entrada en vigor de esta Ley se regirán, en cuanto al régimen de recursos, por las disposiciones de la misma.

⋆d) Los actos y resoluciones pendientes de ejecución a la entrada en vigor de esta Ley se regirán para su ejecución por la normativa vigente cuando se dictaron.

⋆e) A falta de previsiones expresas establecidas en las correspondientes disposiciones legales y reglamentarias, las cuestiones de Derecho transitorio que se susciten en materia de procedimiento administrativo se resolverán de acuerdo con los principios establecidos en los apartados anteriores.

D.T. 4.ª — Régimen transitorio de los archivos, registros y punto de acceso general

Mientras no entren en vigor las previsiones relativas al registro electrónico de apoderamientos, registro electrónico, punto de acceso general electrónico de la Administración y archivo único electrónico, las Administraciones Públicas mantendrán los mismos canales, medios o sistemas electrónicos vigentes relativos a dichas materias, que permitan garantizar el derecho de las personas a relacionarse electrónicamente con las Administraciones.

D.T. 5.ª — Procedimientos de responsabilidad patrimonial derivados de la declaración de inconstitucionalidad de una norma o su carácter contrario al Derecho de la Unión Europea

Los procedimientos administrativos de responsabilidad patrimonial derivados de la declaración de inconstitucionalidad de una norma o su carácter contrario al Derecho de la Unión Europea iniciados con anterioridad a la entrada en vigor de esta Ley, se resolverán de acuerdo con la normativa vigente en el momento de su iniciación.

DISPOSICIONES DEROGATORIAS

D.DT. ÚNICA. Derogación normativa

*1. Quedan derogadas todas las normas de igual o inferior rango en lo que contradigan o se opongan a lo dispuesto en la presente Ley.

*2. Quedan derogadas expresamente las siguientes disposiciones:

a) Ley 30/1992, de 26 de noviembre, de Régimen Jurídico de las Administraciones Públicas y del Procedimiento Administrativo Común.

b) Ley 11/2007, de 22 de junio, de acceso electrónico de los ciudadanos a los Servicios Públicos.

c) Los artículos 4 a 7 de la Ley 2/2011, de 4 de marzo, de Economía Sostenible.

d) Real Decreto 429/1993, de 26 de marzo, por el que se aprueba el Reglamento de los procedimientos de las Administraciones Públicas en materia de responsabilidad patrimonial.

e) Real Decreto 1398/1993, de 4 de agosto, por el que se aprueba el Reglamento del Procedimiento para el Ejercicio de la Potestad Sancionadora.

f) Real Decreto 772/1999, de 7 de mayo, por el que se regula la presentación de solicitudes, escritos y comunicaciones ante la Administración General del Estado, la expedición de copias de documentos y devolución de originales y el régimen de las oficinas de registro.

g) Los artículos 2.3, 10, 13, 14, 15, 16, 26, 27, 28, 29.1.a), 29.1.d), 31, 32, 33, 35, 36, 39, 48, 50, los apartados 1, 2 y 4 de la disposición adicional primera, la disposición adicional tercera, la disposición transitoria primera, la disposición transitoria segunda, la disposición transitoria tercera y la disposición transitoria cuarta del Real Decreto 1671/2009, de 6 de noviembre, por el que se desarrolla parcialmente la Ley 11/2007, de 22 de junio, de acceso electrónico de los ciudadanos a los Servicios Públicos.

Hasta que, de acuerdo con lo dispuesto en la disposición final séptima, produzcan efectos las previsiones relativas al registro electrónico de apoderamientos, registro electrónico, punto de acceso general electrónico de la Administración y archivo único electrónico, se mantendrán en vigor los artículos de las normas previstas en las letras a), b) y g) relativos a las materias mencionadas.

3. Las referencias contenidas en normas vigentes a las disposiciones que se derogan expresamente deberán entenderse efectuadas a las disposiciones de esta Ley que regulan la misma materia que aquéllas.

DISPOSICIONES FINALES

D.F. 1.ª Título competencial

1. Esta Ley se aprueba al amparo de lo dispuesto en el artículo 149.1.18.ª de la Constitución Española, que atribuye al Estado la competencia para dictar las bases del régimen jurídico de las Administraciones Públicas y competencia en materia de procedimiento administrativo común y sistema de responsabilidad de todas las Administraciones Públicas.

2. (Inconstitucional y nulo).

*3. Lo previsto en los artículos 92 primer párrafo, 111, 114.2 y disposición transitoria segunda, serán de aplicación únicamente a la Administración General del Estado, así como el resto de apartados de los distintos preceptos que prevén su aplicación exclusiva en el ámbito de la Administración General del Estado.

*Apdo. 2 declarado inconstitucional y nulo por Sentencia del Tribunal Constitucional 55/2018, de 24 de mayo de 2018. Recurso de inconstitucionalidad 3628-2016. Interpuesto por el Gobierno de la Generalitat de Cataluña en relación con diversos preceptos de la Ley 39/2015, de 1 de octubre, del procedimiento administrativo común de las administraciones públicas. Competencias sobre procedimiento administrativo: nulidad de diversos extremos de los preceptos relativos a los registros electrónicos de apoderamientos, los principios de buena regulación y que identifican los títulos competenciales habilitantes para la aprobación de la ley; inconstitucionalidad de distintos preceptos que regulan la iniciativa legislativa y la potestad reglamentaria; interpretación conforme de la disposición relativa a la adhesión de las administraciones territoriales a las plataformas y registros de la Administración General del Estado. (BOE de 22-06-2018).

D.F. 2.ª Modificación de la Ley 59/2003, de 19 de diciembre, de firma electrónica

En la Ley 59/2003, de 19 de diciembre, de firma electrónica, se incluye un nuevo apartado 11 en el artículo 3 con la siguiente redacción:

«11. Todos los sistemas de identificación y firma electrónica previstos en la Ley de Procedimiento Administrativo Común de las Administraciones Públicas y en la Ley de Régimen Jurídico del Sector Público tendrán plenos efectos jurídicos.»

D.F. 3.ª Modificación de la Ley 36/2011, de 10 de octubre, reguladora de la jurisdicción social

La Ley 36/2011, de 10 de octubre, reguladora de la jurisdicción social, queda redactada en los siguientes términos:

Uno. El artículo 64 queda redactado como sigue:

«Artículo 64. Excepciones a la conciliación o mediación previas.

1. Se exceptúan del requisito del intento de conciliación o, en su caso, de mediación los procesos que exijan el agotamiento de la vía administrativa, en su caso, los que versen sobre Seguridad Social, los relativos a la impugnación del despido colectivo por los representantes de los trabajadores, disfrute de vacaciones y a materia electoral, movilidad geográfica, modificación sustancial de las condiciones de trabajo, suspensión del contrato y reducción de jornada por causas económicas, técnicas, organizativas o de producción o derivadas de fuerza mayor, derechos de conciliación de la vida personal, familiar y laboral a los que se refiere el artículo 139, los iniciados de oficio, los de impugnación de convenios colectivos, los de impugnación de los estatutos de los sindicatos o de su modificación, los de tutela de los derechos fundamentales y libertades públicas, los procesos de anulación de laudos arbitrales, los de impugnación de acuerdos de conciliaciones, de mediaciones y de transacciones, así como aquellos en que se ejerciten acciones laborales de protección contra la violencia de género.

2. Igualmente, quedan exceptuados:

   a) Aquellos procesos en los que siendo parte demandada el Estado u otro ente público también lo fueren personas privadas, siempre que la pretensión hubiera de someterse al agotamiento de la vía administrativa y en ésta pudiera decidirse el asunto litigioso.

   a) Los supuestos en que, en cualquier momento del proceso, después de haber dirigido la papeleta o la demanda contra personas determinadas, fuera necesario dirigir o ampliar la misma frente a personas distintas de las inicialmente demandadas.

3. Cuando por la naturaleza de la pretensión ejercitada pudiera tener eficacia jurídica el acuerdo de conciliación o de mediación que pudiera alcanzarse, aun estando exceptuado el proceso del referido requisito del intento previo, si las partes acuden en tiempo oportuno voluntariamente y de común acuerdo a tales vías previas, se suspenderán los plazos de caducidad o se interrumpirán los de prescripción en la forma establecida en el artículo siguiente.»

Dos. El artículo 69 queda redactado como sigue:

«Artículo 69. Agotamiento de la vía administrativa previa a la vía judicial social.

1. Para poder demandar al Estado, Comunidades Autónomas, entidades locales o entidades de Derecho público con personalidad jurídica propia vinculadas o dependientes de los mismos será requisito necesario haber agotado la vía administrativa, cuando así proceda, de acuerdo con lo establecido en la normativa de procedimiento administrativo aplicable.

En todo caso, la Administración pública deberá notificar a los interesados las resoluciones y actos administrativos que afecten a sus derechos e intereses, conteniendo la notificación el texto íntegro de la resolución, con indicación de si es o no definitivo en la vía administrativa, la expresión de los recursos que procedan, órgano ante el que hubieran de presentarse y plazo para interponerlos, sin perjuicio de que los interesados puedan ejercitar, en su caso, cualquier otro que estimen procedente.

Las notificaciones que conteniendo el texto íntegro del acto omitiesen alguno de los demás requisitos previstos en el párrafo anterior mantendrán suspendidos los plazos de caducidad e interrumpidos los de prescripción y únicamente surtirán efecto a partir de la fecha en que el interesado realice actuaciones que supongan el conocimiento del contenido y alcance de la resolución o acto objeto de la notificación o resolución, o interponga cualquier recurso que proceda.

2. Desde que se deba entender agotada la vía administrativa el interesado podrá formalizar la demanda en el plazo de dos meses ante el juzgado o la Sala competente. A la demanda se acompañará copia de la resolución denegatoria o documento acreditativo de la interposición o resolución del recurso administrativo, según proceda, uniendo copia de todo ello para la entidad demandada.

3. En las acciones derivadas de despido y demás acciones sujetas a plazo de caducidad, el plazo de interposición de la demanda será de veinte días hábiles o el especial que sea aplicable, contados a partir del día siguiente a aquél en que se hubiera producido el acto o la notificación de la resolución impugnada, o desde que se deba entender agotada la vía administrativa en los demás casos.»

Tres. El artículo 70 queda redactado como sigue:

«Artículo 70. Excepciones al agotamiento de la vía administrativa.

No será necesario agotar la vía administrativa para interponer demanda de tutela de derechos fundamentales y libertades públicas frente a actos de las Administraciones públicas en el ejercicio de sus potestades en materia laboral y sindical, si bien el plazo para la interposición de la demanda será de veinte días desde el día siguiente a la notificación del acto o al transcurso del plazo fijado para la resolución, sin más trámites; cuando la lesión del derecho fundamental tuviera su origen en la inactividad administrativa o en actuación en vías de hecho, o se hubiera interpuesto potestativamente un recurso administrativo, el plazo de veinte días se iniciará transcurridos veinte días desde la reclamación contra la inactividad o vía de hecho, o desde la presentación del recurso, respectivamente.»

Cuatro. El artículo 72 queda redactado como sigue:

«Artículo 72. Vinculación respecto a la reclamación administrativa previa en materia de prestaciones de Seguridad Social o vía administrativa previa.

En el proceso no podrán introducir las partes variaciones sustanciales de tiempo, cantidades o conceptos respecto de los que fueran objeto del procedimiento administrativo y de las actuaciones de los interesados o de la Administración, bien en fase de reclamación previa en materia de prestaciones de Seguridad Social o de recurso que agote la vía administrativa, salvo en cuanto a los hechos nuevos o que no hubieran podido conocerse con anterioridad.»

Cinco. El artículo 73 queda redactado como sigue:

«Artículo 73. Efectos de la reclamación administrativa previa en materia de prestaciones de Seguridad Social.

La reclamación previa en materia de prestaciones de Seguridad Social interrumpirá los plazos de prescripción y suspenderá los de caducidad, reanudándose estos últimos al día siguiente al de la notificación de la resolución o del transcurso del plazo en que deba entenderse desestimada.»

• •

Seis. El artículo 85 queda redactado como sigue:

«Artículo 85. Celebración del juicio.

1. Si no hubiera avenencia en conciliación, se pasará seguidamente a juicio y se dará cuenta de lo actuado.

Con carácter previo se resolverá, motivadamente, en forma oral y oídas las partes, sobre las cuestiones previas que se puedan formular en ese acto, así como sobre los recursos u otras incidencias pendientes de resolución, sin perjuicio de la ulterior sucinta fundamentación en la sentencia, cuando proceda. Igualmente serán oídas las partes y, en su caso, se resolverá, motivadamente y en forma oral, lo procedente sobre las cuestiones que el juez o tribunal pueda plantear en ese momento sobre su competencia, los presupuestos de la demanda o el alcance y límites de la pretensión formulada, respetando las garantías procesales de las partes y sin prejuzgar el fondo del asunto.

A continuación, el demandante ratificará o ampliará su demanda, aunque en ningún caso podrá hacer en ella variación sustancial.

2. El demandado contestará afirmando o negando concretamente los hechos de la demanda, y alegando cuantas excepciones estime procedentes.

3. Únicamente podrá formular reconvención cuando la hubiese anunciado en la conciliación previa al proceso o en la contestación a

la reclamación previa en materia de prestaciones de Seguridad Social o resolución que agote la vía administrativa, y hubiese expresado en esencia los hechos en que se funda y la petición en que se concreta. No se admitirá la reconvención, si el órgano judicial no es competente, si la acción que se ejercita ha de ventilarse en modalidad procesal distinta y la acción no fuera acumulable, y cuando no exista conexión entre sus pretensiones y las que sean objeto de la demanda principal.

No será necesaria reconvención para alegar compensación de deudas, siempre que sean vencidas y exigibles y no se formule pretensión de condena reconvencional, y en general cuando el demandado esgrima una pretensión que tienda exclusivamente a ser absuelto de la pretensión o pretensiones objeto de la demanda principal, siendo suficiente que se alegue en la contestación a la demanda. Si la obligación precisa de determinación judicial por no ser líquida con antelación al juicio, será necesario expresar concretamente los hechos que fundamenten la excepción y la forma de liquidación de la deuda, así como haber anunciado la misma en la conciliación o mediación previas, o en la reclamación en materia de prestaciones de Seguridad Social o resolución que agoten la vía administrativa. Formulada la reconvención, se dará traslado a las demás partes para su contestación en los términos establecidos para la demanda. El mismo trámite de traslado se acordará para dar respuesta a las excepciones procesales, caso de ser alegadas.

4. Las partes harán uso de la palabra cuantas veces el juez o tribunal lo estime necesario.

5. Asimismo, en este acto, las partes podrán alegar cuanto estimen conveniente a efectos de lo dispuesto en la letra b) del apartado 3 del artículo 191, ofreciendo, para el momento procesal oportuno, los elementos de juicio necesarios para fundamentar sus alegaciones. No será preciso aportar prueba sobre esta concreta cuestión cuando el hecho de que el proceso afecta a muchos trabajadores o beneficiarios sea notorio por su propia naturaleza.

6. Si no se suscitasen cuestiones procesales o si, suscitadas, se hubieran contestado, las partes o sus defensores con el tribunal fijarán los hechos sobre los que exista conformidad o disconformidad de los litigantes, consignándose en caso necesario en el acta o, en su caso,

por diligencia, sucinta referencia a aquellos extremos esenciales conformes, a efectos de ulterior recurso. Igualmente podrán facilitar las partes unas notas breves de cálculo o resumen de datos numéricos.

7. En caso de allanamiento total o parcial será aprobado por el órgano jurisdiccional, oídas las demás partes, de no incurrir en renuncia prohibida de derechos, fraude de ley o perjuicio a terceros, o ser contrario al interés público, mediante resolución que podrá dictarse en forma oral. Si el allanamiento fuese total se dictará sentencia condenatoria de acuerdo con las pretensiones del actor. Cuando el allanamiento sea parcial, podrá dictarse auto aprobatorio, que podrá llevarse a efecto por los trámites de la ejecución definitiva parcial, siempre que por la naturaleza de las pretensiones objeto de allanamiento, sea posible un pronunciamiento separado que no prejuzgue las restantes cuestiones no allanadas, respecto de las cuales continuará el acto de juicio.

8. El juez o tribunal, una vez practicada la prueba y antes de las conclusiones, salvo que exista oposición de alguna de las partes, podrá suscitar la posibilidad de llegar a un acuerdo y de no alcanzarse el mismo en ese momento proseguirá la celebración del juicio.»

Siete. El artículo 103 queda redactado como sigue:
«Artículo 103. Presentación de la demanda por despido.

1. El trabajador podrá reclamar contra el despido, dentro de los veinte días hábiles siguientes a aquél en que se hubiera producido. Dicho plazo será de caducidad a todos los efectos y no se computarán los sábados, domingos y los festivos en la sede del órgano jurisdiccional.

2. Si se promoviese papeleta de conciliación o solicitud de mediación o demanda por despido contra una persona a la que erróneamente se hubiere atribuido la cualidad de empresario, y se acreditase con posterioridad, sea en el juicio o en otro momento anterior del proceso, que lo era un tercero, el trabajador podrá promover nueva demanda

contra éste, o ampliar la demanda si no se hubiera celebrado el juicio, sin que comience el cómputo del plazo de caducidad hasta el momento en que conste quién sea el empresario.

3. Las normas del presente capítulo serán de aplicación a la impugnación de las decisiones empresariales de extinción de contrato con las especialidades necesarias, sin perjuicio de lo previsto en el artículo 120 y de las consecuencias sustantivas de cada tipo de extinción contractual.»

Ocho. El artículo 117 queda redactado como sigue:
«Artículo 117. Requisito del agotamiento de la vía administrativa previa a la vía judicial.

1. Para demandar al Estado por los salarios de tramitación, será requisito previo haber reclamado en vía administrativa en la forma y plazos establecidos, contra cuya denegación el empresario o, en su caso, el trabajador, podrá promover la oportuna acción ante el juzgado que conoció en la instancia del proceso de despido.

2. A la demanda habrá de acompañarse copia de la resolución administrativa denegatoria o de la instancia de solicitud de pago.

3. El plazo de prescripción de esta acción es el previsto en el apartado 2 del artículo 59 del texto refundido de la Ley del Estatuto de los Trabajadores, iniciándose el cómputo del mismo, en caso de reclamación efectuada por el empresario, desde el momento en que éste sufre la disminución patrimonial ocasionada por el abono de los salarios de tramitación y, en caso de reclamación por el trabajador, desde la fecha de notificación al mismo del auto judicial que haya declarado la insolvencia del empresario.»

D.F. 4.ª Referencias normativas

Las referencias hechas a la Ley 30/1992, de 26 de noviembre, de Régimen Jurídico de las Administraciones Públicas y del Procedimiento Administrativo Común, se entenderán hechas a la Ley del Procedimiento Administrativo Común de las Administraciones Públicas o a la Ley de Régimen Jurídico del Sector Público, según corresponda.

D.F. 5.ª Adaptación normativa

En el plazo de un año a partir de la entrada en vigor de la Ley, se deberán adecuar a la misma las normas reguladoras estatales, autonómicas y locales de los distintos procedimientos normativos que sean incompatibles con lo previsto en esta Ley.

D.F. 6.ª Desarrollo normativo de la Ley

Se faculta al Consejo de Ministros y al Ministro de Hacienda y Administraciones Públicas, en el ámbito de sus competencias, para dictar cuantas disposiciones reglamentarias sean necesarias para el desarrollo de la presente Ley, así como para acordar las medidas necesarias para garantizar la efectiva ejecución e implantación de las previsiones de esta Ley.

D.F. 7.ª — Entrada en vigor

La presente Ley entrará en vigor al año de su publicación en el «Boletín Oficial del Estado».

No obstante, las previsiones relativas al registro electrónico de apoderamientos, registro electrónico, registro de empleados públicos habilitados, punto de acceso general electrónico de la Administración y archivo único electrónico producirán efectos a partir del día 2 de abril de 2021.

Por tanto,
Mando a todos los españoles, particulares y autoridades, que guarden y hagan guardar esta ley.

Madrid, 1 de octubre de 2015.

FELIPE R.

El Presidente del Gobierno,
MARIANO RAJOY BREY